소중한 _____ 에게

지혜로운 삶으로
당신을 초대합니다.

드림

역대상.쓰다

1 CHRONICLES WRITE

에이프릴지저스 편집부

역대상.쓰다

필사는, 정독 중의 정독!
가장 적극적인 성경읽기입니다.

기록자
WRITER

시작일
START DATE

마감일
COMPLETE DATE

역대상

역대기는

분량이 많아 두권으로 나눠져 있지만 원래는 한권의 책입니다.

성전과 예배 중심의 야훼 신앙이야말로 축복과 번영의 열쇠라는 점을 보여주기 위해 기록되었습니다.

사무엘서와, 열왕기서의 내용이 반복되지만, 독특하고 매우 중요한 내용을 담고 있습니다. 오직 다윗 언약의 계승자로서 유다 지파의 혈통을 강조한 남왕국의 역사를 주로 다루고 있습니다.

비록 죄로 인해 나라가 망했고 모든 희망이 사라진 것처럼 보여도, 회개하고 하나님께 돌아오기만 하면 하나님께서 구원하실 것이며 약속하신 말씀은 반드시 이룰 것이라는 희망의 메시지를 전합니다.

구약 중 가장 늦게 쓰여진 책으로, 히브리 성경의 모든 내용을 요약했기 때문입니다.

역대기 핵심 세가지 : ① 족보 ② 다윗 언약 ③ 성전

역대상하 구조, 65장 1,763절

◆ **역대상**
1~9장   아담~다윗 계보(지파시대)
10~29장 다윗의 통치(통일왕국)

◆ **역대하**
1~9장   솔로몬의 통치(성전 건축)
10~36장 유다왕들의 통치(성전의 몰락)

선택받은 이스라엘(유다) 민족의 역사

역사서

구약 성경의 두 번째 부분인, 여호수아부터 에스더까지 열두 권을 흔히 '역사서'라고 합니다.

[역사서 분류(12권)]

성경	연대(주전)	시대
여호수아	1405–1390	가나안 정복시대
사사기, 룻기	1390–1050	사사 시대
사무엘상/하, 열왕기상 1-11장 역대상, 역대하 1-9장	1050–931	통일왕국시대
열왕기상 12-22장 열왕기하, 역대하 10-36장	931–586	분열왕국시대
에스라, 느헤미야, 에스더	586–430	바벨론 포로기와 귀환기

왜 필사인가?

필사는 정독 중의 정독입니다. 성경이 말하고자 하는 의미와 말씀이 살아 움직이는 체험을 하고 싶다면 빠르게 성경책을 넘기지 말고 정독하는 것이 좋습니다. 필사는 천천히 한자 한자 정성껏 쓰고 또 확인하며 천천히 읽게 되므로 말씀을 더 깊이 느낄 수 있는 시간이 주어집니다. 그동안 보이지 않았던, 말씀의 한 구절 한 구절이 가슴을 울리며 깊이 다가오는 경험을 갖게 됩니다. **필사라는 가장 적극적인 성경읽기를 통해,** 말씀이 살아 움직임을 느끼고 삶의 변화까지 선물 받는 놀라운 필사의 경험을, 반드시 스스로에게 선물하기를 바랍니다.

왜 모눈(그리드) 인가?

수많은 대부분의 노트들은 줄로 이루어져 있습니다. 줄노트를 쓰는데 있어서 우리는 익숙하고 당연합니다. 하지만, 간격이 정해진 줄노트는 생각의 폭이 줄안에 갇힐수 있으므로 생각 확장이 제한됩니다. **공간 활용에 자유로운 모눈(grid)은,** 라인의 색깔이 연하므로 눈이 어지럽지 않고 글씨 정렬 맞추기에 용이합니다. 필사를 하다 보면 노트를 더 예쁘게 만들고 싶을 때가 있습니다. 필사 후, 나에게 주신 말씀을 **색연필, 형광펜으로 밑줄을 긋거나,** 남은 공간에는 **자유롭게 묵상** 또는 생각을 간략히 적어보세요. 이 모눈노트가 나만의 필사 노트를 꾸미는 것에 도움을 줄 것입니다. **자유로운 필사와 묵상으로 주님과 더욱 친밀해지기를 소망합니다.**

> 필사하기 전에

1. **[기도]** 필사를 시작하기 전에 기도하세요.
   "내 눈을 열어서 주의 율법에서 놀라운 것을 보게 하소서(시119:18)"

2. **[읽기]** 좌측의 성경말씀을 옮겨 적으며 소리 내 필사를 하세요.
   "오직 여호와의 율법을 즐거워하며(시1:2)"

3. **[묵상]** 읽고, 필사한 말씀을 묵상하세요.
   "너희는 나의 이 말을 너희의 마음과 뜻에 두고 또 그것을 너희의 손목에 매어 기호를
   삼고 너희 미간에 붙여 표를 삼으며(신11:18)"

4. **[적용]** 말씀을 나의 삶에 적용하세요.
   "나로 하여금 깨닫게 하여 주소서 내가 주의 법을 준행하며 전심으로 지키리이다(시119:34)"

5. **[기도]** 필사 후 기도로 마무리 합니다.
   "내가 주의 법을 어찌 그리 사랑하는지요 내가 그것을 종일 작은 소리로 읊조리나이다
   (시119:97)"

내가 영원히 그를 내 집과 내 나라에 세우리니
그의 왕위가 영원히 견고하리라 하셨다 하라
I will set him over my house and my kingdom forever;
his throne will be established forever.

역대상 1 CHRONICLES 17:14

1장

아담에서 아브라함까지

1 아담, 셋, 에노스,

2 게난, 마할랄렐, 야렛,

3 에녹, 므두셀라, 라멕,

4 노아, 셈, 함과 야벳은 조상들이라

5 야벳의 자손은 고멜과 마곡과 마대와 야완과 두발과 메섹과 디라스요

6 고멜의 자손은 아스그나스와 디밧과 도갈마요

7 야완의 자손은 엘리사와 다시스와 깃딤과 도다님이더라

8 함의 자손은 구스와 미스라임과 붓과 가나안이요

9 구스의 자손은 스바와 하윌라와 삽다와 라아마와 삽드가요 라아마의 자손은 스바와 드단이요

10 구스가 또 니므롯을 낳았으니 세상에서 첫 영걸이며

11 미스라임은 루딤과 아나밈과 르하빔과 납두힘과

12 바드루심과 가슬루힘과 갑도림을 낳았으니 블레셋 종족은 가슬루힘에게서 나왔으며

13 가나안은 맏아들 시돈과 헷을 낳고

14 또 여부스 종족과 아모리 종족과 기르가스 종족과

15 히위 종족과 알가 종족과 신 종족과

16 아르왓 종족과 스말 종족과 하맛 종족을 낳았더라

17 셈의 자손은 엘람과 앗수르와 아르박삿과 룻과 아람과 우스와 훌과 게델과 메섹이라

18 아르박삿은 셀라를 낳고 셀라는 에벨을 낳고

19 에벨은 두 아들을 낳아 하나의 이름을 벨렉이라 하였으니 이는 그 때에 땅이 나뉘었음이요 그의 아우의 이름은 욕단이며

20 욕단이 알모닷과 셀렙과 하살마웻과 예라와

21 하도람과 우살과 디글라와

22 에발과 아비마엘과 스바와

23 오빌과 하윌라와 요밥을 낳았으니 욕단의 자손은 이상과 같으니라

24 셈, 아르박삿, 셀라,

25 에벨, 벨렉, 르우,

26 스룩, 나홀, 데라,

27 아브람 곧 아브라함은 조상들이요

이스마엘의 세계

28 아브라함의 자손은 이삭과 이스마엘이라

29 이스마엘의 족보는 이러하니 그의 맏아들은 느바욧이요 다음은 게달과 앗브엘과 밉삼과

30 미스마와 두마와 맛사와 하닷과 데마와

31 여둘과 나비스와 게드마라 이들은 이스마엘의 자손들이라

32 아브라함의 소실 그두라가 낳은 자손은 시므란과 욕산과 므단과 미디안과 이스박과 수아요 욕산의 자손은 스바와 드단이요

33 미디안의 자손은 에바와 에벨과 하녹과 아비다와 엘다아니 이들은 모두 그두라의 자손들이라

에서의 자손

34 아브라함이 이삭을 낳았으니 이삭의 아들은 에서와 이스라엘이더라

35 에서의 아들은 엘리바스와 르우엘과 여우스와 얄람과 고라요

36 엘리바스의 아들은 데만과 오말과 스비와 가담과 그나스와 딤나와 아말렉이요

37 르우엘의 아들은 나핫과 세라와 삼마와 밋사요

38 세일의 아들은 로단과 소발과 시브온과 아나와 디손과 에셀과 디산이요

39 로단의 아들은 호리와 호맘이요 로단의 누이는 딤나요

40 소발의 아들은 알랸과 마나핫과 에발과 스비와 오남이요 시브온의 아들은 아야와 아나요

41 아나의 아들은 디손이요 디손의 아들은 하므란과 에스반과 이드란과 그란이요

42 에셀의 아들은 빌한과 사아완과 야아간이요 디산의 아들은 우스와 아란이더라

에돔 땅을 다스린 왕들

43 이스라엘 자손을 다스리는 왕이 있기 전에 에돔 땅을 다스린 왕은 이러 하니라 브올의 아들 벨라니 그의 도성 이름은 딘하바이며

44 벨라가 죽으매 보스라 세라의 아들 요밥이 대신하여 왕이 되고

45 요밥이 죽으매 데만 종족의 땅의 사람 후삼이 대신하여 왕이 되고

46 후삼이 죽으매 브닷의 아들 하닷이 대신하여 왕이 되었으니 하닷은 모압 들에서 미디안을 친 자요 그 도성 이름은 아윗이며

47 하닷이 죽으매 마스레가의 사믈라가 대신하여 왕이 되고

48 사믈라가 죽으매 강 가의 르호봇 사울이 대신하여 왕이 되고

49 사울이 죽으매 악볼의 아들 바알하난이 대신하여 왕이 되고

50 바알하난이 죽으매 하닷이 대신하여 왕이 되었으니 그의 도성 이름은 바이요 그의 아내의 이름은 므헤다벨이라 메사합의 손녀요 마드렛의 딸이더라

51 하닷이 죽으니라 그리고 에돔의 족장은 이러하니 딤나 족장과 알랴 족장과 여뎃 족장과

52 오홀리바마 족장과 엘라 족장과 비논 족장과

53 그나스 족장과 데만 족장과 밉살 족장과

54 막디엘 족장과 이람 족장이라 에돔의 족장이 이러하였더라

2장

1 이스라엘의 아들은 이러하니 르우벤과 시므온과 레위와 유다와 잇사갈과 스불론과

2 단과 요셉과 베냐민과 납달리와 갓과 아셀이더라

유다의 자손

3 유다의 아들은 에르와 오난과 셀라니 이 세 사람은 가나안 사람 수아의 딸이 유다에게 낳아 준 자요 유다의 맏아들 에르는 여호와 보시기에 악하였으므로 여호와께서 죽이셨고

4 유다의 며느리 다말이 유다에게 베레스와 세라를 낳아 주었으니 유다의 아들이 모두 다섯이더라

5 베레스의 아들은 헤스론과 하물이요

6 세라의 아들은 시므리와 에단과 헤만과 갈골과 다라니 모두 다섯 사람이요

7 갈미의 아들은 아갈이니 그는 진멸시킬 물건을 범하여 이스라엘을 괴롭힌 자이며

8 에단의 아들은 아사랴더라

다윗의 가계

9 헤스론이 낳은 아들은 여라므엘과 람과 글루배라

10 람은 암미나답을 낳고 암미나답은 나손을 낳았으니 나손은 유다 자손의 방백이며

11 나손은 살마를 낳고 살마는 보아스를 낳고

12 보아스는 오벳을 낳고 오벳은 이새를 낳고

13 이새는 맏아들 엘리압과 둘째로 아비나답과 셋째로 시므아와

14 넷째로 느다넬과 다섯째로 랏대와

15 여섯째로 오셈과 일곱째로 다윗을 낳았으며

16 그들의 자매는 스루야와 아비가일이라 스루야의 아들은 아비새와 요압과 아사헬 삼형제요

17 아비가일은 아마사를 낳았으니 아마사의 아버지는 이스마엘 사람 예델이었더라

헤스론의 자손

18 헤스론의 아들 갈렙이 그의 아내 아수바와 여리옷에게서 아들을 낳았으니 그가 낳은 아들들은 예셀과 소밥과 아르돈이며

19 아수바가 죽은 후에 갈렙이 또 에브랏에게 장가 들었더니 에브랏이 그에게 훌을 낳아 주었고

20 훌은 우리를 낳고 우리는 브살렐을 낳았더라

21 그 후에 헤스론이 육십 세에 길르앗의 아버지 마길의 딸에게 장가 들어 동침하였더니 그가 스굽을 헤스론에게 낳아 주었으며

22 스굽은 야일을 낳았고 야일은 길르앗 땅에서 스물세 성읍을 가졌더니

23 그술과 아람이 야일의 성읍들과 그낫과 그에 딸린 성읍들 모두 육십을 그들에게서 빼앗았으며 이들은 다 길르앗의 아버지 마길의 자손이었더라

24 헤스론이 갈렙 에브라다에서 죽은 후에 그의 아내 아비야가 그로 말미암아 아스훌을 낳았으니 아스훌은 드고아의 아버지더라

여라므엘의 자손

25 헤스론의 맏아들 여라므엘의 아들은 맏아들 람과 그 다음 브나와 오렌과 오셈과 아히야이며

26 여라므엘이 다른 아내가 있었으니 이름은 아다라라 그는 오남의 어머니 더라

27 여라므엘의 맏아들 람의 아들은 마아스와 야민과 에겔이요

28 오남의 아들들은 삼매와 야다요 삼매의 아들은 나답과 아비술이며

29 아비술의 아내의 이름은 아비하일이라 아비하일이 아반과 몰릿을 그에게 낳아 주었으며

30 나답의 아들들은 셀렛과 압바임이라 셀렛은 아들이 없이 죽었고

31 압바임의 아들은 이시요 이시의 아들은 세산이요 세산의 아들은 알래요

32 삼매의 아우 야다의 아들들은 예델과 요나단이라 예델은 아들이 없이 죽었고

33 요나단의 아들들은 벨렛과 사사라 여라므엘의 자손은 이러하며

34 세산은 아들이 없고 딸뿐이라 그에게 야르하라 하는 애굽 종이 있으므로

35 세산이 딸을 그 종 야르하에게 주어 아내를 삼게 하였더니 그가 그로 말미암아 앗대를 낳고

36 앗대는 나단을 낳고 나단은 사밧을 낳고

37 사밧은 에블랄을 낳고 에블랄은 오벳을 낳고

38 오벳은 예후를 낳고 예후는 아사랴를 낳고

39 아사랴는 헬레스를 낳고 헬레스는 엘르아사를 낳고

40 엘르아사는 시스매를 낳고 시스매는 살룸을 낳고

41 살룸은 여가먀를 낳고 여가먀는 엘리사마를 낳았더라

갈렙의 자손

42 여라므엘의 아우 갈렙의 아들 곧 맏아들은 메사이니 십의 아버지요 그 아들은 마레사니 헤브론의 아버지이며

43 헤브론의 아들들은 고라와 답부아와 레겜과 세마라

44 세마는 라함을 낳았으니 라함은 요르그암의 아버지이며 레겜은 삼매를 낳았고

45 삼매의 아들은 마온이라 마온은 벳술의 아버지이며

46 갈렙의 소실 에바는 하란과 모사와 가세스를 낳고 하란은 가세스를 낳았으며

47 야대의 아들은 레겜과 요단과 게산과 벨렛과 에바와 사압이며

48 갈렙의 소실 마아가는 세벨과 디르하나를 낳았고

49 또 맛만나의 아버지 사압을 낳았고 또 막베나와 기브아의 아버지 스와를 낳았으며 갈렙의 딸은 악사더라

50 갈렙의 자손 곧 에브라다의 맏아들 훌의 아들은 이러하니 기럇여아림의 아버지 소발과

51 베들레헴의 아버지 살마와 벧가델의 아버지 하렙이라

52 기럇여아림의 아버지 소발의 자손은 하로에와 므누홋 사람의 절반이니

53 기럇여아림 족속들은 이델 종족과 붓 종족과 수맛 종족과 미스라 종족이라 이로 말미암아 소라와 에스다올 두 종족이 나왔으며

54 살마의 자손들은 베들레헴과 느도바 종족과 아다롯벳요압과 마나핫 종족의 절반과 소라 종족과

55 야베스에 살던 서기관 종족 곧 디랏 종족과 시므앗 종족과 수갓 종족이니 이는 다 레갑 가문의 조상 함맛에게서 나온 겐 종족이더라

3장

다윗 왕의 아들과 딸

1 다윗이 헤브론에서 낳은 아들들은 이러하니 맏아들은 암논이라 이스르엘 여인 아히노암의 소생이요 둘째는 다니엘이라 갈멜 여인 아비가일의 소생이요

2 셋째는 압살롬이라 그술 왕 달매의 딸 마아가의 아들이요 넷째는 아도니야라 학깃의 아들이요

3 다섯째는 스바댜라 아비달의 소생이요 여섯째는 이드르암이라 다윗의 아내 에글라의 소생이니

4 이 여섯은 헤브론에서 낳았더라 다윗이 거기서 칠 년 육 개월 다스렸고 또 예루살렘에서 삼십삼 년 다스렸으며

5 예루살렘에서 그가 낳은 아들들은 이러하니 시므아와 소밥과 나단과 솔로몬 네 사람은 다 암미엘의 딸 밧수아의 소생이요

6 또 입할과 엘리사마와 엘리벨렛과

7 노가와 네벡과 야비아와

8 엘리사마와 엘랴다와 엘리벨렛 아홉 사람은

9 다 다윗의 아들이요 그들의 누이는 다말이며 이 외에 또 소실의 아들이 있었더라

솔로몬 왕의 자손

10 솔로몬의 아들은 르호보암이요 그의 아들은 아비야요 그의 아들은 아사요 그의 아들은 여호사밧이요

11 그의 아들은 요람이요 그의 아들은 아하시야요 그의 아들은 요아스요

12 그의 아들은 아마샤요 그의 아들은 아사랴요 그의 아들은 요담이요

13 그의 아들은 아하스요 그의 아들은 히스기야요 그의 아들은 므낫세요

14 그의 아들은 아몬이요 그의 아들은 요시야이며

15 요시야의 아들들은 맏아들 요하난과 둘째 여호야김과 셋째 시드기야와 넷째 살룸이요

16 여호야김의 아들들은 그의 아들 여고냐, 그의 아들 시드기야요

17 사로잡혀 간 여고냐의 아들들은 그의 아들 스알디엘과

18 말기람과 브다야와 세낫살과 여가먀와 호사마와 느다뱌요

19 브다야의 아들들은 스룹바벨과 시므이요 스룹바벨의 아들은 므술람과 하나냐와 그의 매제 슬로밋과

20 또 하수바와 오헬과 베레갸와 하사댜와 유삽헤셋 다섯 사람이요

21 하나냐의 아들은 블라댜와 여사야요 또 르바야의 아들 아르난의 아들들, 오바댜의 아들들, 스가냐의 아들들이니

22 스가냐의 아들은 스마야요 스마야의 아들들은 핫두스와 이갈과 바리야와 느아랴와 사밧 여섯 사람이요

23 느아랴의 아들은 에료에내와 히스기야와 아스리감 세 사람이요

24 에료에내의 아들들은 호다위야와 엘리아십과 블라야와 악굽과 요하난과 들라야와 아나니 일곱 사람이더라

4장

유다의 자손

1 유다의 아들들은 베레스와 헤스론과 갈미와 훌과 소발이라

2 소발의 아들 르아야는 야핫을 낳고 야핫은 아후매와 라핫을 낳았으니 이는 소라 사람의 종족이며

3 에담 조상의 자손들은 이스르엘과 이스마와 잇바스와 그들의 매제 하슬렐보니와

4 그돌의 아버지 브누엘과 후사의 아버지 에셀이니 이는 다 베들레헴의 아버지 에브라다의 맏아들 훌의 소생이며

5 드고아의 아버지 아스훌의 두 아내는 헬라와 나아라라

6 나아라는 그에게 아훗삼과 헤벨과 데므니와 하아하스다리를 낳아 주었으니 이는 나아라의 소생이요

7 헬라의 아들들은 세렛과 이소할과 에드난이며

8 고스는 아눕과 소베바와 하룸의 아들 아하헬 종족들을 낳았으며

9 야베스는 그의 형제보다 귀중한 자라 그의 어머니가 이름하여 이르되 야베스라 하였으니 이는 내가 수고로이 낳았다 함이었더라

10 야베스가 이스라엘 하나님께 아뢰어 이르되 주께서 내게 복을 주시려거든 나의 지역을 넓히시고 주의 손으로 나를 도우사 나로 환난을 벗어나 내게 근심이 없게 하옵소서 하였더니 하나님이 그가 구하는 것을 허락하셨더라

다른 족보

11 수하의 형 글룹이 므힐을 낳았으니 므힐은 에스돈의 아버지요

12 에스돈은 베드라바와 바세아와 이르나하스의 아버지 드힌나를 낳았으니 이는 다 레가 사람이며

13 그나스의 아들들은 옷니엘과 스라야요 옷니엘의 아들은 하닷이며

14 므오노대는 오브라를 낳고 스라야는 요압을 낳았으니 요압은 게하라심의 조상이라 그들은 공장이었더라

15 여분네의 아들 갈렙의 자손은 이루와 엘라와 나암과 엘라의 자손과 그나스요

16 여할렐렐의 아들은 십과 시바와 디리아와 아사렐이요

17 에스라의 아들들은 예델과 메렛과 에벨과 얄론이며 메렛은 미리암과 삼매와 에스드모아의 조상 이스바를 낳았으니

18 이는 메렛이 아내로 맞은 바로의 딸 비디아의 아들들이며 또 그의 아내 여후디야는 그돌의 조상 예렛과 소고의 조상 헤벨과 사노아의 조상 여구디엘을 낳았으며

19 나함의 누이인 호디야의 아내의 아들들은 가미 사람 그일라의 아버지와 마아가 사람 에스드모아며

20 시몬의 아들들은 암논과 린나와 벤하난과 딜론이요 이시의 아들들은 소헷과 벤소헷이더라

21 유다의 아들 셀라의 자손은 레가의 아버지 에르와 마레사의 아버지 라아다와 세마포 짜는 자의 집 곧 아스베야의 집 종족과

22 또 요김과 고세바 사람들과 요아스와 모압을 다스리던 사랍과 야수비네헴이니 이는 다 옛 기록에 의존한 것이라

23 이 모든 사람은 토기장이가 되어 수풀과 산울 가운데에 거주하는 자로서 거기서 왕과 함께 거주하면서 왕의 일을 하였더라

시므온의 자손

24 시므온의 아들들은 느무엘과 야민과 야립과 세라와 사울이요

25 사울의 아들은 살룸이요 그의 아들은 밉삼이요 그의 아들은 미스마요

26 미스마의 아들은 함무엘이요 그의 아들은 삭굴이요 그의 아들은 시므이라

27 시므이에게는 아들 열여섯과 딸 여섯이 있으나 그의 형제에게는 자녀가 몇이 못되니 그들의 온 종족이 유다 자손처럼 번성하지 못하였더라

28 시므온 자손이 거주한 곳은 브엘세바와 몰라다와 하살수알과

년   월   일

29

29 빌하와 에셈과 돌랏과

30 브두엘과 호르마와 시글락과

31 벧말가봇과 하살수심과 벧비리와 사아라임이니 다윗 왕 때까지 이 모든 성읍이 그들에게 속하였으며

32 그들이 사는 곳은 에담과 아인과 림몬과 도겐과 아산 다섯 성읍이요

33 또 모든 성읍 주위에 살던 주민들의 경계가 바알까지 다다랐으니 시므온 자손의 거주지가 이러하고 각기 계보가 있더라

34 또 메소밥과 야믈렉과 아마시야의 아들 요사와

35 요엘과 아시엘의 증손 스라야의 손자 요시비야의 아들 예후와

36 또 엘료에내와 야아고바와 여소하야와 아사야와 아디엘과 여시미엘과 브나야와

37 또 스마야의 오대 손 시므리의 현손 여다야의 증손 알론의 손자 시비의 아들은 시사이니

38 여기 기록된 것들은 그들의 종족과 그들의 가문의 지도자들의 이름이라 그들이 매우 번성한지라

39 그들이 그들의 양 떼를 위하여 목장을 구하고자 하여 골짜기 동쪽 그돌 지경에 이르러

40 기름지고 아름다운 목장을 발견하였는데 그 땅이 넓고 안정 되고 평안하니 이는 옛적부터 거기에 거주해 온 사람은 함의 자손인 까닭이라

41 이 명단에 기록된 사람들이 유다 왕 히스기야 때에 가서 그들의 장막을 쳐서 무찌르고 거기에 있는 모우님 사람을 쳐서 진멸하고 대신하여 오늘까지 거기에 살고 있으니 이는 그들의 양 떼를 먹일 목장이 거기에 있음이며

42 또 시므온 자손 중에 오백 명이 이시의 아들 블라댜와 느아랴와 르바야와 웃시엘을 두목으로 삼고 세일 산으로 가서

43 피신하여 살아남은 아말렉 사람을 치고 오늘까지 거기에 거주하고 있더라

5장

르우벤의 자손

1 이스라엘의 장자 르우벤의 아들들은 이러하니라 (르우벤은 장자라도 그의 아버지의 침상을 더럽혔으므로 장자의 명분이 이스라엘의 아들 요셉의 자손에게로 돌아가서 족보에 장자의 명분대로 기록되지 못하였느니라

2 유다는 형제보다 뛰어나고 주권자가 유다에게서 났으나 장자의 명분은 요셉에게 있으니라)

3 이스라엘의 장자 르우벤의 아들들은 하녹과 발루와 헤스론과 갈미요

4 요엘의 아들은 스마야요 그의 아들은 곡이요 그의 아들은 시므이요

5 그의 아들은 미가요 그의 아들은 르아야요 그의 아들은 바알이요

6 그의 아들은 브에라이니 그는 르우벤 자손의 지도자로서 앗수르 왕 디글랏빌레셀에게 사로잡힌 자라

7 그의 형제가 종족과 계보대로 우두머리 된 자는 여이엘과 스가랴와

8 벨라니 벨라는 아사스의 아들이요 세마의 손자요 요엘의 증손이라 그가 아로엘에 살면서 느보와 바알므온까지 다다랐고

9 또 동으로 가서 거주하면서 유브라데 강에서부터 광야 지경까지 다다랐으니 이는 길르앗 땅에서 그 가축이 번식함이라

10 사울 왕 때에 그들이 하갈 사람과 더불어 싸워 손으로 쳐죽이고 길르앗 동쪽 온 땅에서 장막에 거주하였더라

갓의 자손

11 갓 자손은 르우벤 사람을 마주 대하여 바산 땅에 거주하면서 살르가까지 다다랐으니

12 우두머리는 요엘이요 다음은 사밤이요 또 야내와 바산에 산 사밧이요

13 그 조상의 가문의 형제들은 미가엘과 므술람과 세바와 요래와 야간과 시아와 에벨 일곱 명이니

14 이는 다 아비하일의 아들들이라 아비하일은 후리의 아들이요 야로아의 손자요 길르앗의 증손이요 미가엘의 현손이요 여시새의 오대 손이요 야도의 육대 손이요 부스의 칠대 손이며

15 또 구니의 손자 압디엘의 아들 아히가 우두머리가 되었고

16 그들이 바산 길르앗과 그 마을과 사론의 모든 들에 거주하여 그 사방 변두리에 다다랐더라

17 이상은 유다 왕 요담 때와 이스라엘 왕 여로보암 때에 족보에 기록되었더라

므낫세 반 지파의 용사

18 르우벤 자손과 갓 사람과 므낫세 반 지파에서 나가 싸울 만한 용사 곧 능히 방패와 칼을 들며 활을 당겨 싸움에 익숙한 자는 사만 사천칠백육십 명이라

19 그들이 하갈 사람과 여두르와 나비스와 노답과 싸우는 중에

20 도우심을 입었으므로 하갈 사람과 그들과 함께 있는 자들이 다 그들의 손에 패하였으니 이는 그들이 싸울 때에 하나님께 의뢰하고 부르짖으므로 하나님이 그들에게 응답하셨음이라

21 그들이 대적의 짐승 곧 낙타 오만 마리와 양 이십오만 마리와 나귀 이천 마리를 빼앗으며 사람 십만 명을 사로잡았고

22 죽임을 당한 자가 많았으니 이 싸움이 하나님께로 말미암았음이라 그들이 그들의 땅에 거주하여 사로잡힐 때까지 이르렀더라

므낫세 반 지파의 자손들

23 므낫세 반 지파 자손들이 그 땅에 거주하면서 그들이 번성하여 바산에서부터 바알헤르몬과 스닐과 헤르몬 산까지 다다랐으며

24 그들의 족장은 에벨과 이시와 엘리엘과 아스리엘과 예레미야와 호다위야와 야디엘이며 다 용감하고 유명한 족장이었더라

년   월   일

35

므낫세 반 지파의 추방

25 그들이 그들의 조상들의 하나님께 범죄하여 하나님이 그들 앞에서 멸하신 그 땅 백성의 신들을 간음하듯 섬긴지라

26 그러므로 이스라엘 하나님이 앗수르 왕 불의 마음을 일으키시며 앗수르 왕 디글랏빌레셀의 마음을 일으키시매 곧 르우벤과 갓과 므낫세 반 지파를 사로잡아 할라와 하볼과 하라와 고산 강 가에 옮긴지라 그들이 오늘까지 거기에 있으니라

6장

레위의 가계

1 레위의 아들들은 게르손과 그핫과 므라리요

2 그핫의 아들들은 아므람과 이스할과 헤브론과 웃시엘이요

3 아므람의 자녀는 아론과 모세와 미리암이요 아론의 자녀는 나답과 아비후와 엘르아살과 이다말이며

4 엘르아살은 비느하스를 낳고 비느하스는 아비수아를 낳고

5 아비수아는 북기를 낳고 북기는 웃시를 낳고

6 웃시는 스라히야를 낳고 스라히야는 므라욧을 낳고

7 므라욧은 아마랴를 낳고 아마랴는 아히둡을 낳고

8 아히둡은 사독을 낳고 사독은 아히마아스를 낳고

9 아히마아스는 아사랴를 낳고 아사랴는 요하난을 낳고

10 요하난은 아사랴를 낳았으니 이 아사랴는 솔로몬이 예루살렘에 세운 성전에서 제사장의 직분을 행한 자이며

11 아사랴는 아마랴를 낳고 아마랴는 아히둡을 낳고

12 아히둡은 사독을 낳고 사독은 살룸을 낳고

13 살룸은 힐기야를 낳고 힐기야는 아사랴를 낳고

14 아사랴는 스라야를 낳고 스라야는 여호사닥을 낳았으며

15 여호와께서 느부갓네살의 손으로 유다와 예루살렘 백성을 옮기실 때에 여호사닥도 가니라

레위의 자손

16 레위의 아들들은 게르손과 그핫과 므라리이며

17 게르손의 아들들의 이름은 이러하니 립니와 시므이요

18 그핫의 아들들은 아므람과 이스할과 헤브론과 웃시엘이요

19 므라리의 아들들은 말리와 무시라 그 조상에 따라 레위의 종족은 이러하니

20 게르손에게서 난 자는 곧 그의 아들 립니요 그의 아들은 야핫이요 그의 아들은 심마요

21 그의 아들은 요아요 그의 아들은 잇도요 그의 아들은 세라요 그의 아들은 여아드래이며

22 그핫에게서 난 자는 곧 그 아들은 암미나답이요 그의 아들은 고라요 그의 아들은 앗실이요

23 그의 아들은 엘가나요 그의 아들은 에비아삽이요 그의 아들은 앗실이요

24 그의 아들은 다핫이요 그의 아들은 우리엘이요 그의 아들은 웃시야요 그의 아들은 사울이라

25 엘가나의 아들들은 아마새와 아히못이라

26 엘가나로 말하면 그의 자손은 이러하니 그의 아들은 소배요 그의 아들은 나핫이요

27 그의 아들은 엘리압이요 그의 아들은 여로함이요 그의 아들은 엘가나라

28 사무엘의 아들들은 맏아들 요엘이요 다음은 아비야라

29 므라리에게서 난 자는 말리요 그의 아들은 립니요 그의 아들은 시므이요 그의 아들은 웃사요

30 그의 아들은 시므아요 그의 아들은 학기야요 그의 아들은 아사야더라

회막 앞에서 찬송하는 사람들

31 언약궤가 평안을 얻었을 때에 다윗이 여호와의 성전에서 찬송하는 직분을 맡긴 자들은 아래와 같았더라

32 솔로몬이 예루살렘에서 여호와의 성전을 세울 때까지 그들이 회막 앞에서 찬송하는 일을 행하되 그 계열대로 직무를 행하였더라

33 직무를 행하는 자와 그의 아들들은 이러하니 그핫의 자손 중에 헤만은 찬송하는 자라 그는 요엘의 아들이요 요엘은 사무엘의 아들이요

34 사무엘은 엘가나의 아들이요 엘가나는 여로함의 아들이요 여로함은 엘리엘의 아들이요 엘리엘은 도아의 아들이요

35 도아는 숩의 아들이요 숩은 엘가나의 아들이요 엘가나는 마핫의 아들이요 마핫은 아마새의 아들이요

36 아마새는 엘가나의 아들이요 엘가나는 요엘의 아들이요 요엘은 아사랴의 아들이요 아사랴는 스바냐의 아들이요

37 스바냐는 다핫의 아들이요 다핫은 앗실의 아들이요 앗실은 에비아삽의 아들이요 에비아삽은 고라의 아들이요

38 고라는 이스할의 아들이요 이스할은 그핫의 아들이요 그핫은 레위의 아들이요 레위는 이스라엘의 아들이라

39 헤만의 형제 아삽은 헤만의 오른쪽에서 직무를 행하였으니 그는 베레갸의 아들이요 베레갸는 시므아의 아들이요

40 시므아는 미가엘의 아들이요 미가엘은 바아세야의 아들이요 바아세야는 말기야의 아들이요

년   월   일

41

41 말기야는 에드니의 아들이요 에드니는 세라의 아들이요 세라는 아다야의 아들이요

42 아다야는 에단의 아들이요 에단은 심마의 아들이요 심마는 시므이의 아들이요

43 시므이는 야핫의 아들이요 야핫은 게르손의 아들이요 게르손은 레위의 아들이며

44 그들의 형제 므라리의 자손 중 그의 왼쪽에서 직무를 행하는 자는 에단이라 에단은 기시의 아들이요 기시는 압디의 아들이요 압디는 말룩의 아들이요

45 말룩은 하사뱌의 아들이요 하사뱌는 아마시야의 아들이요 아마시야는 힐기야의 아들이요

46 힐기야는 암시의 아들이요 암시는 바니의 아들이요 바니는 세멜의 아들이요

47 세멜은 말리의 아들이요 말리는 무시의 아들이요 무시는 므라리의 아들이요 므라리는 레위의 아들이며

48 그들의 형제 레위 사람들은 하나님의 집 장막의 모든 일을 맡았더라

아론의 자손

49 아론과 그의 자손들은 번제단과 향단 위에 분향하며 제사를 드리며 지성소의 모든 일을 하여 하나님의 종 모세의 모든 명령대로 이스라엘을 위하여 속죄하니

50 아론의 자손들은 이러하니라 그의 아들은 엘르아살이요 그의 아들은 비느하스요 그의 아들은 아비수아요

51 그의 아들은 북기요 그의 아들은 웃시요 그의 아들은 스라히야요

52 그의 아들은 므라욧이요 그의 아들은 아마랴요 그의 아들은 아히둡이요

53 그의 아들은 사독이요 그의 아들은 아히마아스이더라

레위 사람의 정착지

54 그들의 거주한 곳은 사방 지계 안에 있으니 그들의 마을은 아래와 같으니라 아론 자손 곧 그핫 종족이 먼저 제비 뽑았으므로

55 그들에게 유다 땅의 헤브론과 그 사방 초원을 주었고

56 그러나 그 성의 밭과 마을은 여분네의 아들 갈렙에게 주었으며

57 아론 자손에게 도피성을 주었으니 헤브론과 립나와 그 초원과 얏딜과 에스드모아와 그 초원과

58 힐렌과 그 초원과 드빌과 그 초원과

59 아산과 그 초원과 벧세메스와 그 초원이며

60 또 베냐민 지파 중에서는 게바와 그 초원과 알레멧과 그 초원과 아나돗과 그 초원을 주었으니 그들의 종족이 얻은 성이 모두 열셋이었더라

61 그핫 자손의 남은 자에게는 절반 지파 즉 므낫세 반 지파 종족 중에서 제비 뽑아 열 성읍을 주었고

62 게르손 자손에게는 그들의 종족대로 잇사갈 지파와 아셀 지파와 납달리 지파와 바산에 있는 므낫세 지파 중에서 열세 성읍을 주었고

63 므라리 자손에게는 그 종족대로 르우벤 지파와 갓 지파와 스불론 지파 중에서 제비 뽑아 열두 성읍을 주었더라

64 이스라엘 자손이 이 모든 성읍과 그 목초지를 레위 자손에게 주되

65 유다 자손의 지파와 시므온 자손의 지파와 베냐민 자손의 지파 중에서 이 위에 기록한 여러 성읍을 제비 뽑아 주었더라

66 그핫 자손의 몇 종족은 에브라임 지파 중에서 성읍을 얻어 영토를 삼았으며

67 또 그들에게 도피성을 주었으니 에브라임 산중 세겜과 그 초원과 게셀과 그 초원과

68 욕므암과 그 초원과 벧호론과 그 초원과

69 아얄론과 그 초원과 가드림몬과 그 초원이며

70 또 그핫 자손의 남은 종족에게는 므낫세 반 지파 중에서 아넬과 그 초원과 빌르암과 그 초원을 주었더라

71 게르손 자손에게는 므낫세 반 지파 종족 중에서 바산의 골란과 그 초원과 아스다롯과 그 초원을 주고

72 또 잇사갈 지파 중에서 게데스와 그 초원과 다브랏과 그 초원과

73 라못과 그 초원과 아넴과 그 초원을 주고

74 아셀 지파 중에서 마살과 그 초원과 압돈과 그 초원과

75 후곡과 그 초원과 르홉과 그 초원을 주고

76 납달리 지파 중에서 갈릴리의 게데스와 그 초원과 함몬과 그 초원과 기랴다임과 그 초원을 주니라

77 므라리 자손의 남은 자에게는 스불론 지파 중에서 림모노와 그 초원과 다볼과 그 초원을 주었고

78 또 요단 건너 동쪽 곧 여리고 맞은편 르우벤 지파 중에서 광야의 베셀과 그 초원과 야사와 그 초원과

79 그데못과 그 초원과 메바앗과 그 초원을 주었고

80 또 갓 지파 중에서 길르앗의 라못과 그 초원과 마하나임과 그 초원과

81 헤스본과 그 초원과 야셀과 그 초원을 주었더라

잇사갈의 자손

1 잇사갈의 아들들은 돌라와 부아와 야숩과 시므론 네 사람이며

2 돌라의 아들들은 웃시와 르바야와 여리엘과 야매와 입삼과 스므엘이니 다 그의 아버지 돌라의 집 우두머리라 대대로 용사이더니 다윗 때에 이르러는 그 수효가 이만 이천육백 명이었더라

3 웃시의 아들은 이스라히야요 이스라히야의 아들들은 미가엘과 오바댜와 요엘과 잇시야 다섯 사람이 모두 우두머리며

4 그들과 함께 있는 자는 그 계보와 종족대로 능히 출전할 만한 군대가 삼만 육천 명이니 이는 그 처자가 많기 때문이며

5 그의 형제 잇사갈의 모든 종족은 다 용감한 장사라 그 전체를 계수하면 팔만 칠천 명이었더라

베냐민의 자손

6 베냐민의 아들들은 벨라와 베겔과 여디아엘 세 사람이며

7 벨라의 아들들은 에스본과 우시와 웃시엘과 여리못과 이리 다섯 사람이니 다 그 집의 우두머리요 큰 용사라 그 계보대로 계수하면 이만 이천삼십사 명이며

8 베겔의 아들들은 스미라와 요아스와 엘리에셀과 엘료에내와 오므리와 여레못과 아비야와 아나돗과 알레멧이니 베겔의 아들들은 모두 이러하며

9 그들은 다 그 집의 우두머리요 용감한 장사라 그 자손을 계보에 의해 계수하면 이만 이백 명이며

10 여디아엘의 아들은 빌한이요 빌한의 아들들은 여우스와 베냐민과 에훗과 그나아나와 세단과 다시스와 아히사할이니

11 이 여디아엘의 아들들은 모두 그 집의 우두머리요 큰 용사라 그들의 자손 중에 능히 출전할 만한 자가 만 칠천이백 명이며

12 일의 아들은 숩빔과 훔빔이요 아헬의 아들은 후심이더라

납달리의 자손

13 납달리의 아들들은 야시엘과 구니와 예셀과 살룸이니 이는 빌하의 손자더라

므낫세의 자손

14 므낫세의 아들들은 그의 아내가 낳아 준 아스리엘과 그의 소실 아람 여인이 낳아 준 길르앗의 아버지 마길이니

15 마길은 훕빔과 숩빔의 누이 마아가라 하는 이에게 장가 들었더라 므낫세의 둘째 아들의 이름은 슬로브핫이니 슬로브핫은 딸들만 낳았으며

16 마길의 아내 마아가는 아들을 낳아 그의 이름을 베레스라 하였으며 그의 아우의 이름은 세레스이며 세레스의 아들들은 울람과 라겜이요

17 울람의 아들들은 브단이니 이는 다 길르앗의 자손이라 길르앗은 마길의 아들이요 므낫세의 손자이며

18 그의 누이 함몰레겟은 이스홋과 아비에셀과 말라를 낳았고

19 스미다의 아들들은 아히안과 세겜과 릭히와 아니암이더라

에브라임의 자손

20 에브라임의 아들은 수델라요 그의 아들은 베렛이요 그의 아들은 다핫이요 그의 아들은 엘르아다요 그의 아들은 다핫이요

21 그의 아들은 사밧이요 그의 아들은 수델라며 그가 또 에셀과 엘르앗을 낳았으나 그들이 가드 원주민에게 죽임을 당하였으니 이는 그들이 내려가서 가드 사람의 짐승을 빼앗고자 하였음이라

22 그의 아버지 에브라임이 여러 날 슬퍼하므로 그의 형제가 가서 위로하였더라

23 그리고 에브라임이 그의 아내와 동침하매 임신하여 아들을 낳으니 그 집이 재앙을 받았으므로 그의 이름을 브리아라 하였더라

24 에브라임의 딸은 세에라이니 그가 아래 윗 성 벧호론과 우센세에라를 건설하였더라

25 브리아의 아들들은 레바와 레셉이요 레셉의 아들은 델라요 그의 아들은 다한이요

26 그의 아들은 라단이요 그의 아들은 암미훗이요 그의 아들은 엘리사마요

27 그의 아들은 눈이요 그의 아들은 여호수아더라

28 에브라임 자손의 토지와 거주지는 벧엘과 그 주변 마을이요 동쪽으로는 나아란이요 서쪽에는 게셀과 그 주변 마을이며 또 세겜과 그 주변 마을이니 아사와 그 주변 마을까지이며

29 또 므낫세 자손의 지계에 가까운 벧스안과 그 주변 마을과 다아낙과 그 주변 마을과 므깃도와 그 주변 마을과 돌과 그 주변 마을이라 이스라엘의 아들 요셉의 자손이 이 여러 곳에 거하였더라

아셀의 자손

30 아셀의 아들들은 임나와 이스와와 이스위와 브리아요 그들의 매제는 세라이며

31 브리아의 아들들은 헤벨과 말기엘이니 말기엘은 비르사잇의 아버지이며

32 헤벨은 야블렛과 소멜과 호담과 그들의 매제 수아를 낳았으며

33 야블렛의 아들들은 바삭과 빔할과 아스왓이니 야블렛의 아들은 이러하며

34 소멜의 아들들은 아히와 로가와 호바와 아람이요

35 그의 아우 헬렘의 아들들은 소바와 임나와 셀레스와 아말이요

36 소바의 아들들은 수아와 하르네벨과 수알과 베리와 이므라와

37 베셀과 홋과 사마와 실사와 이드란과 브에라요

38 예델의 아들들은 여분네와 비스바와 아라요

39 울라의 아들들은 아라와 한니엘과 리시아이니

40 이는 다 아셀의 자손으로 우두머리요 정선된 용감한 장사요 방백의 우두머리라 출전할 만한 자를 그들의 계보대로 계수하면 이만 육천 명이었더라

년   월   일

8장

베냐민의 자손

1 베냐민이 낳은 자는 맏아들 벨라와 둘째 아스벨과 셋째 아하라와

2 넷째 노하와 다섯째 라바이며

3 벨라에게 아들들이 있으니 곧 앗달과 게라와 아비훗과

4 아비수아와 나아만과 아호아와

5 게라와 스부반과 후람이라

6 에훗의 아들들은 이러하니라 그들은 게바 주민의 우두머리로서, 사로잡혀 마나핫으로 갔으니

7 곧 나아만과 아히야와 게라이며 게라는 또 웃사와 아히훗을 낳았으며

8 사하라임은 두 아내 후심과 바아라를 내 보낸 후에 모압 땅에서 자녀를 낳았으니

9 그의 아내 호데스에게서 낳은 자는 요밥과 시비야와 메사와 말감과

10 여우스와 사갸와 미르마이니 이 아들들은 우두머리이며

11 또 그의 아내 후심에게서 아비둡과 엘바알을 낳았으며

12 엘바알의 아들들은 에벨과 미삼과 세멧이니 그는 오노와 롯과 그 주변 마을들을 세웠고

13 또 브리아와 세마이니 그들은 아얄론 주민의 우두머리가 되어 그들이 가드 주민을 쫓아냈더라

14 아히요와 사삭과 여레못과

15 스바댜와 아랏과 에델과

16 미가엘과 이스바와 요하는 다 브리아의 아들들이요

17 스바댜와 므술람과 히스기와 헤벨과

18 이스므래와 이슬리아와 요밥은 다 엘바알의 아들들이요

19 야김과 시그리와 삽디와

20 엘리에내와 실르대와 엘리엘과

21 아다야와 브라야와 시므랏은 다 시므이의 아들들이요

22 이스반과 에벨과 엘리엘과

23 압돈과 시그리와 하난과

24 하나냐와 엘람과 안도디야와

25 이브드야와 브누엘은 다 사삭의 아들들이요

26 삼스래와 스하랴와 아달랴와

27 야아레시야와 엘리야와 시그리는 다 여로함의 아들들이니

28 그들은 다 가문의 우두머리이며 그들의 족보의 우두머리로서 예루살렘에 거주하였더라

기브온과 예루살렘의 베냐민 사람들

29 기브온의 조상 여이엘은 기브온에 거주하였으니 그 아내의 이름은 마아가며

30 장자는 압돈이요 다음은 술과 기스와 바알과 나답과

31 그돌과 아히오와 세겔이며

32 미글롯은 시므아를 낳았으며 그들은 친족들과 더불어 마주하고 예루살렘에 거주하였더라

33 넬은 기스를 낳고 기스는 사울을 낳고 사울은 요나단과 말기수아와 아비나답과 에스바알을 낳았으며

34 요나단의 아들은 므립바알이라 므립바알은 미가를 낳았고

35 미가의 아들들은 비돈과 멜렉과 다레아와 아하스이며

36 아하스는 여호앗다를 낳고 여호앗다는 알레멧과 아스마웻과 시므리를 낳고 시므리는 모사를 낳고

37 모사는 비느아를 낳았으며 비느아의 아들은 라바요 그의 아들은 엘르아사요 그의 아들은 아셀이며

38 아셀에게 여섯 아들이 있어 그들의 이름은 이러하니 아스리감과 보그루와 이스마엘과 스아랴와 오바댜와 하난이라 아셀의 모든 아들이 이러하며

39 그의 아우 에섹의 아들은 이러하니 그의 맏아들은 울람이요 둘째는 여우스요 셋째는 엘리벨렛이며

40 울람의 아들은 다 용감한 장사요 활을 잘 쏘는 자라 아들과 손자가 많아 모두 백오십 명이었더라 베냐민의 자손들은 이러하였더라

9장 **포로 생활에서 돌아온 백성**

1 온 이스라엘이 그 계보대로 계수되어 그들은 이스라엘 왕조실록에 기록되니라 유다가 범죄함으로 말미암아 바벨론으로 사로잡혀 갔더니

2 그들의 땅 안에 있는 성읍에 처음으로 거주한 이스라엘 사람들은 제사장들과 레위 사람들과 느디님 사람들이라

3 유다 자손과 베냐민 자손과 에브라임과 므낫세 자손 중에서 예루살렘에 거주한 자는

4 유다의 아들 베레스 자손 중에 우대이니 그는 암미훗의 아들이요 오므리의 손자요 이므리의 증손이요 바니의 현손이며

5 실로 사람 중에서는 맏아들 아사야와 그의 아들들이요

6 세라 자손 중에서는 여우엘과 그 형제 육백구십 명이요

7 베냐민 자손 중에서는 핫스누아의 증손 호다위아의 손자 므술람의 아들 살루요

8 여로함의 아들 이브느야와 미그리의 손자 웃시의 아들 엘라요 이브니야의 증손 르우엘의 손자 스바댜의 아들 무술람이요

9 또 그의 형제들이라 그들의 계보대로 계수하면 구백오십육 명이니 다 종족의 가문의 우두머리들이더라

예루살렘에 정착한 제사장들

10 제사장 중에서는 여다야와 여호야립과 야긴과

11 하나님의 성전을 맡은 자 아사랴이니 그는 힐기야의 아들이요 므술람의 손자요 사독의 증손이요 므라욧의 현손이요 아히둡의 오대손이며

12 또 아다야이니 그는 여로함의 아들이요 바스훌의 손자요 말기야의 증손이며 또 마아새니 그는 아디엘의 아들이요 야세라의 손자요 므술람의 증손이요 므실레밋의 현손이요 임멜의 오대손이며

13 또 그의 형제들이니 종족의 가문의 우두머리라 하나님의 성전의 임무를 수행할 힘있는 자는 모두 천칠백육십 명이더라

예루살렘에 정착한 레위 사람들

14 레위 사람 중에서는 므라리 자손 스마야이니 그는 핫숩의 아들이요 아스리감의 손자요 하사뱌의 증손이며

15 또 박박갈과 헤레스와 갈랄과 맛다냐이니 그는 미가의 아들이요 시그리의 손자요 아삽의 증손이며

16 또 오바댜이니 그는 스마야의 아들이요 갈랄의 손자요 여두둔의 증손이며 또 베레갸이니 그는 아사의 아들이요 엘가나의 손자라 느도바 사람의 마을에 거주하였더라

예루살렘에 정착한 회막 문지기

17 문지기는 살룸과 악굽과 달몬과 아히만과 그의 형제들이니 살룸은 그 우두머리라

18 이 사람들은 전에 왕의 문 동쪽 곧 레위 자손의 진영의 문지기이며

19 고라의 증손 에비아삽의 손자 고레의 아들 살룸과 그의 종족 형제 곧 고라의 자손이 수종 드는 일을 맡아 성막 문들을 지켰으니 그들의 조상들도 여호와의 진영을 맡고 출입문을 지켰으며

20 여호와께서 함께 하신 엘르아살의 아들 비느하스가 옛적에 그의 무리를 거느렸고

21 므셀레먀의 아들 스가랴는 회막 문지기가 되었더라

22 택함을 입어 문지기 된 자가 모두 이백열두 명이니 이는 그들의 마을에서 그들의 계보대로 계수된 자요 다윗과 선견자 사무엘이 전에 세워서 이 직분을 맡긴 자라

23 그들과 그들의 자손이 그 순차를 좇아 여호와의 성전 곧 성막 문을 지켰는데

24 이 문지기가 동, 서, 남, 북 사방에 섰고

25 그들의 마을에 있는 형제들은 이레마다 와서 그들과 함께 있으니

26 이는 문지기의 우두머리 된 레위 사람 넷이 중요한 직분을 맡아 하나님의 성전 모든 방과 곳간을 지켰음이라

27 그들은 하나님의 성전을 맡은 직분이 있으므로 성전 주위에서 밤을 지내며 아침마다 문을 여는 책임이 그들에게 있었더라

나머지 레위 사람들

28 그 중에 어떤 자는 섬기는 데 쓰는 기구를 맡아서 그 수효대로 들여가고 수효대로 내오며

29 또 어떤 자는 성소의 기구와 모든 그릇과 고운 가루와 포도주와 기름과 유향과 향품을 맡았으며

30 또 제사장의 아들 중의 어떤 자는 향품으로 향기름을 만들었으며

31 고라 자손 살룸의 맏아들 맛디댜라 하는 레위 사람은 전병을 굽는 일을 맡았으며

32 또 그의 형제 그핫 자손 중에 어떤 자는 진설하는 떡을 맡아 안식일마다 준비하였더라

33 또 찬송하는 자가 있으니 곧 레위 우두머리라 그들은 골방에 거주하면서 주 야로 자기 직분에 전념하므로 다른 일은 하지 아니하였더라

34 그들은 다 레위 가문의 우두머리이며 그들의 족보의 우두머리로서 예루살 렘에 거주하였더라

사울의 족보

35 기브온의 조상 여이엘은 기브온에 거주하였으니 그의 아내의 이름은 마아 가라

36 그의 맏아들은 압돈이요 다음은 술과 기스와 바알과 넬과 나답과

37 그돌과 아히오와 스가랴와 미글롯이며

38 미글롯은 시므암을 낳았으니 그들은 그들의 친족들과 더불어 마주하고 예 루살렘에 거주하였더라

39 넬은 기스를 낳고 기스는 사울을 낳고 사울은 요나단과 말기수아와 아비나 답과 에스바알을 낳았으며

40 요나단의 아들은 므립바알이라 므립바알은 미가를 낳았고

41 미가의 아들들은 비돈과 멜렉과 다레아와 아하스이며

42 아하스는 야라를 낳고 야라는 알레멧과 아스마웻과 시므리를 낳고 시므리 는 모사를 낳고

43 모사는 비느아를 낳았으며 비느아의 아들은 르바야요 그의 아들은 엘르아 사요 그의 아들은 아셀이며

44 아셀이 여섯 아들이 있으니 그들의 이름은 아스리감과 보그루와 이스마엘 과 스아랴와 오바댜와 하난이라 아셀의 아들들이 이러하였더라

10장

사울 왕이 죽다

1 블레셋 사람들과 이스라엘이 싸우더니 이스라엘 사람들이 블레셋 사람들 앞에서 도망하다가 길보아 산에서 죽임을 당하여 엎드러지니라

2 블레셋 사람들이 사울과 그 아들들을 추격하여 블레셋 사람들이 사울의 아들 요나단과 아비나답과 말기수아를 죽이고

3 사울을 맹렬히 치며 활 쏘는 자가 사울에게 따라 미치매 사울이 그 쏘는 자로 말미암아 심히 다급하여

4 사울이 자기의 무기를 가진 자에게 이르되 너는 칼을 빼어 그것으로 나를 찌르라 할례 받지 못한 자들이 와서 나를 욕되게 할까 두려워하노라 그러나 그의 무기를 가진 자가 심히 두려워하여 행하기를 원하지 아니하매 사울이 자기 칼을 뽑아서 그 위에 엎드러지니

5 무기 가진 자가 사울이 죽는 것을 보고 자기도 칼에 엎드러져 죽으니라

6 이와 같이 사울과 그의 세 아들과 그 온 집안이 함께 죽으니라

7 골짜기에 있는 모든 이스라엘 사람이 그들의 도망한 것과 사울과 그의 아들들이 다 죽은 것을 보고 그 성읍들을 버리고 도망하매 블레셋 사람들이 와서 거기에 거주하니라

8 이튿날에 블레셋 사람들이 와서 죽임을 당한 자의 옷을 벗기다가 사울과 그의 아들들이 길보아 산에 엎드러졌음을 보고

9 곧 사울의 옷을 벗기고 그의 머리와 갑옷을 가져다가 사람을 블레셋 땅 사방에 보내 모든 이방 신전과 그 백성에게 소식을 전하고

10 사울의 갑옷을 그들의 신전에 두고 그의 머리를 다곤의 신전에 단지라

11 길르앗야베스 모든 사람이 블레셋 사람들이 사울에게 행한 모든 일을 듣고

12 용사들이 다 일어나서 사울의 시체와 그의 아들들의 시체를 거두어 야베스로 가져다가 그 곳 상수리나무 아래에 그 해골을 장사하고 칠 일간 금식하였더라

13 사울이 죽은 것은 여호와께 범죄하였기 때문이라 그가 여호와의 말씀을 지키지 아니하고 또 신접한 자에게 가르치기를 청하고

14 여호와께 묻지 아니하였으므로 여호와께서 그를 죽이시고 그 나라를 이새의 아들 다윗에게 넘겨 주셨더라

11장

다윗이 이스라엘과 유다의 왕이 되다

1 온 이스라엘이 헤브론에 모여 다윗을 보고 이르되 우리는 왕의 가까운 혈족이니이다

2 전에 곧 사울이 왕이 되었을 때에도 이스라엘을 거느리고 출입하게 한 자가 왕이시었고 왕의 하나님 여호와께서도 왕에게 말씀하시기를 네가 내 백성 이스라엘의 목자가 되며 내 백성 이스라엘의 주권자가 되리라 하셨나이다 하니라

3 이에 이스라엘의 모든 장로가 헤브론에 있는 왕에게로 나아가니 헤브론에서 다윗이 그들과 여호와 앞에 언약을 맺으매 그들이 다윗에게 기름을 부어 이스라엘의 왕으로 삼으니 여호와께서 사무엘을 통하여 전하신 말씀대로 되었더라

4 다윗이 온 이스라엘과 더불어 예루살렘 곧 여부스에 이르니 여부스 땅의 주민들이 거기에 거주하였더라

5 여부스 원주민이 다윗에게 이르기를 네가 이리로 들어오지 못하리라 하나 다윗이 시온 산 성을 빼앗았으니 이는 다윗 성이더라

6 다윗이 이르되 먼저 여부스 사람을 치는 자는 우두머리와 지휘관으로 삼으리라 하였더니 스루야의 아들 요압이 먼저 올라갔으므로 우두머리가 되었고

7 다윗이 그 산성에 살았으므로 무리가 다윗 성이라 불렀으며

8 다윗이 밀로에서부터 두루 성을 쌓았고 그 성의 나머지는 요압이 중수하였더라

9 만군의 여호와께서 함께 계시니 다윗이 점점 강성하여 가니라

다윗의 용사들

10 다윗에게 있는 용사의 우두머리는 이러하니라 이 사람들이 온 이스라엘과 더불어 다윗을 힘껏 도와 나라를 얻게 하고 그를 세워 왕으로 삼았으니 이는 여호와께서 이스라엘에 대하여 이르신 말씀대로 함이었더라

11 다윗에게 있는 용사의 수효가 이러하니라 학몬 사람의 아들 야소브암은 삼십 명의 우두머리라 그가 창을 들어 한꺼번에 삼백 명을 죽였고

12 그 다음은 아호아 사람 도도의 아들 엘르아살이니 세 용사 중 하나이라

13 그가 바스담임에서 다윗과 함께 있었더니 블레셋 사람들이 그 곳에 모여와서 치니 거기에 보리가 많이 난 밭이 있더라 백성들이 블레셋 사람들 앞에서 도망하되

14 그가 그 밭 가운데에 서서 그 밭을 보호하여 블레셋 사람들을 죽였으니 여호와께서 큰 구원으로 구원하심이었더라

15 삼십 우두머리 중 세 사람이 바위로 내려가서 아둘람 굴 다윗에게 이를 때에 블레셋 군대가 르바임 골짜기에 진 쳤더라

16 그 때에 다윗은 산성에 있고 블레셋 사람들의 진영은 베들레헴에 있는지라

17 다윗이 갈망하여 이르되 베들레헴 성문 곁 우물 물을 누가 내게 마시게 할꼬 하매

18 이 세 사람이 블레셋 사람들의 군대를 돌파하고 지나가서 베들레헴 성문 곁 우물 물을 길어가지고 다윗에게로 왔으나 다윗이 마시기를 기뻐하지 아니하고 그 물을 여호와께 부어드리고

19 이르되 내 하나님이여 내가 결단코 이런 일을 하지 아니하리이다 생명을 돌아보지 아니하고 갔던 이 사람들의 피를 어찌 마시리이까 하고 그들이 자기 생명도 돌보지 아니하고 이것을 가져왔으므로 그것을 마시기를 원하지 아니하니라 세 용사가 이런 일을 행하였더라

20 요압의 아우 아비새는 그 세 명 중 우두머리라 그가 창을 휘둘러 삼백 명을 죽이고 그 세 명 가운데에 이름을 얻었으니

21 그는 둘째 세 명 가운데에 가장 뛰어나 그들의 우두머리가 되었으나 첫째 세 명에게는 미치지 못하니라

22 갑스엘 용사의 손자 여호야다의 아들 브나야는 용감한 사람이라 그가 모압 아리엘의 아들 둘을 죽였고 또 눈 올 때에 함정에 내려가서 사자 한 마리를 죽였으며

23 또 키가 큰 애굽 사람을 죽였는데 그 사람의 키가 다섯 규빗이요 그 손에 든 창이 베틀채 같으나 그가 막대기를 가지고 내려가서 그 애굽 사람의 손에서 창을 빼앗아 그 창으로 죽였더라

24 여호야다의 아들 브나야가 이런 일을 행하였으므로 세 용사 중에 이름을 얻고

25 삼십 명 중에서는 뛰어나나 첫째 세 사람에게는 미치지 못하니라 다윗이 그를 세워 시위대장을 삼았더라

26 또 군사 중의 큰 용사는 요압의 아우 아사헬과 베들레헴 사람 도도의 아들 엘하난과

27 하롤 사람 삼훗과 블론 사람 헬레스와

28 드고아 사람 익게스의 아들 이라와 아나돗 사람 아비에셀과

29 후사 사람 십브개와 아호아 사람 일래와

30 느도바 사람 마하래와 느도바 사람 바아나의 아들 헬렛과

31 베냐민 자손에 속한 기브아 사람 리배의 아들 이대와 비라돈 사람 브나야와

32 가아스 시냇가에 사는 후래와 아르바 사람 아비엘과

33 바하룸 사람 아스마웻과 사알본 사람 엘리아바와

34 기손 사람 하셈의 아들들과 하랄 사람 사게의 아들 요나단과

35 하랄 사람 사갈의 아들 아히암과 울의 아들 엘리발과

36 므게랏 사람 헤벨과 블론 사람 아히야와

37 갈멜 사람 헤스로와 에스배의 아들 나아래와

38 나단의 아우 요엘과 하그리의 아들 밉할과

39 암몬 사람 셀렉과 스루야의 아들 요압의 무기 잡은 자 베롯 사람 나하래와

40 이델 사람 이라와 이델 사람 가렙과

41 헷 사람 우리아와 알래의 아들 사밧과

42 르우벤 자손 시사의 아들 곧 르우벤 자손의 우두머리 아디나와 그 추종자 삼십 명과

43 마아가의 아들 하난과 미덴 사람 요사밧과

44 아스드랏 사람 웃시야와 아로엘 사람 호담의 아들 사마와 여이엘과

45 시므리의 아들 여디아엘과 그의 아우 디스 사람 요하와

46 마하위 사람 엘리엘과 엘라암의 아들 여리배와 요사위야와 모압 사람 이드마와

47 엘리엘과 오벳과 므소바 사람 야아시엘이더라

12장

베냐민 지파에서 다윗을 도운 용사들

1 다윗이 기스의 아들 사울로 말미암아 시글락에 숨어 있을 때에 그에게 와서 싸움을 도운 용사 중에 든 자가 있었으니

2 그들은 활을 가지며 좌우 손을 놀려 물매도 던지며 화살도 쏘는 자요 베냐민 지파 사울의 동족인데 그 이름은 이러하니라

3 그 우두머리는 아히에셀이요 다음은 요아스이니 기브아 사람 스마아의 두 아들이요 또 아스마웻의 아들 여시엘과 벨렛과 또 브라가와 아나돗 사람 예후와

4 기브온 사람 곧 삼십 명 중에 용사요 삼십 명의 우두머리가 된 이스마야이
  며 또 예레미야와 야하시엘과 요하난과 그데라 사람 요사밧과

5 엘루새와 여리못과 브아랴와 스마랴와 하룹 사람 스바댜와

6 고라 사람들 엘가나와 잇시야와 아사렐과 요에셀과 야소브암이며

7 그돌 사람 여로함의 아들 요엘라와 스바댜더라

갓 지파에서 다윗을 도운 용사들

8 갓 사람 중에서 광야에 있는 요새에 이르러 다윗에게 돌아온 자가 있었으니
  다 용사요 싸움에 익숙하여 방패와 창을 능히 쓰는 자라 그의 얼굴은 사자
  같고 빠르기는 산의 사슴 같으니

9 그 우두머리는 에셀이요 둘째는 오바댜요 셋째는 엘리압이요

10 넷째는 미스만나요 다섯째는 예레미야요

11 여섯째는 앗대요 일곱째는 엘리엘이요

12 여덟째는 요하난이요 아홉째는 엘사밧이요

13 열째는 예레미야요 열한째는 막반내라

14 이 갓 자손이 군대 지휘관이 되어 그 작은 자는 백부장이요, 그 큰 자는 천
   부장이더니

15 정월에 요단 강 물이 모든 언덕에 넘칠 때에 이 무리가 강물을 건너서 골짜
   기에 있는 모든 자에게 동서로 도망하게 하였더라

베냐민과 유다에서 다윗을 도운 용사들

16 베냐민과 유다 자손 중에서 요새에 이르러 다윗에게 나오매

17 다윗이 나가서 맞아 그들에게 말하여 이르되 만일 너희가 평화로이 내게 와
   서 나를 돕고자 하면 내 마음이 너희 마음과 하나가 되려니와 만일 너희가
   나를 속여 내 대적에게 넘기고자 하면 내 손에 불의함이 없으니 우리 조상
   들의 하나님이 감찰하시고 책망하시기를 원하노라 하매

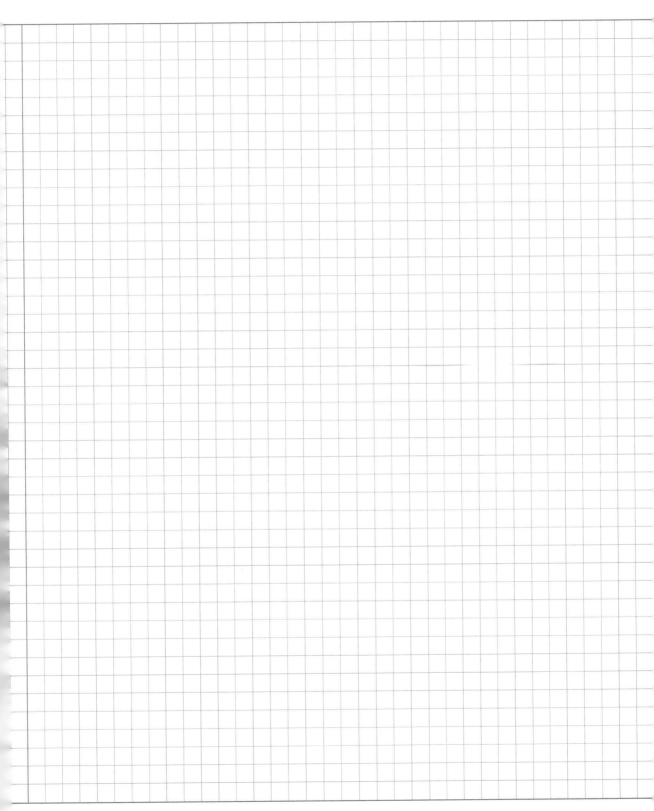

18 그 때에 성령이 삼십 명의 우두머리 아마새를 감싸시니 이르되 다윗이여 우리가 당신에게 속하겠고 이새의 아들이여 우리가 당신과 함께 있으리니 원하건대 평안하소서 당신도 평안하고 당신을 돕는 자에게도 평안이 있을지니 이는 당신의 하나님이 당신을 도우심이니이다 한지라 다윗이 그들을 받아들여 군대 지휘관을 삼았더라

므낫세 지파에서 다윗을 도운 용사들

19 다윗이 전에 블레셋 사람들과 함께 가서 사울을 치려 할 때에 므낫세 지파에서 두어 사람이 다윗에게 돌아왔으나 다윗 등이 블레셋 사람들을 돕지 못하였음은 블레셋 사람들의 방백이 서로 의논하고 보내며 이르기를 그가 그의 왕 사울에게로 돌아가리니 우리 머리가 위태할까 하노라 함이라

20 다윗이 시글락으로 갈 때에 므낫세 지파에서 그에게로 돌아온 자는 아드나와 요사밧과 여디아엘과 미가엘과 요사밧과 엘리후와 실르대이니 다 므낫세의 천부장이라

21 이 무리가 다윗을 도와 도둑 떼를 쳤으니 그들은 다 큰 용사요 군대 지휘관이 됨이었더라

22 그 때에 사람이 날마다 다윗에게로 돌아와서 돕고자 하매 큰 군대를 이루어 하나님의 군대와 같았더라

다윗의 군사들

23 싸움을 준비한 군대 지휘관들이 헤브론에 이르러 다윗에게로 나아와서 여호와의 말씀대로 사울의 나라를 그에게 돌리고자 하였으니 그 수효가 이러하였더라

24 유다 자손 중에서 방패와 창을 들고 싸움을 준비한 자가 육천팔백 명이요

25 시므온 자손 중에서 싸움하는 큰 용사가 칠천백 명이요

26 레위 자손 중에서 사천육백 명이요

27 아론의 집 우두머리 여호야다와 그와 함께 있는 자가 삼천칠백 명이요

28 또 젊은 용사 사독과 그의 가문의 지휘관이 이십이 명이요

29 베냐민 자손 곧 사울의 동족은 아직도 태반이나 사울의 집을 따르나 그 중에서 나온 자가 삼천 명이요

30 에브라임 자손 중에서 가족으로서 유명한 큰 용사가 이만팔백 명이요

31 므낫세 반 지파 중에 이름이 기록된 자로서 와서 다윗을 세워 왕으로 삼으려 하는 자가 만 팔천 명이요

32 잇사갈 자손 중에서 시세를 알고 이스라엘이 마땅히 행할 것을 아는 우두머리가 이백 명이니 그들은 그 모든 형제를 통솔하는 자이며

33 스불론 중에서 모든 무기를 가지고 전열을 갖추고 두 마음을 품지 아니하고 능히 진영에 나아가서 싸움을 잘하는 자가 오만 명이요

34 납달리 중에서 지휘관 천 명과 방패와 창을 가지고 따르는 자가 삼만 칠천 명이요

35 단 자손 중에서 싸움을 잘하는 자가 이만 팔천육백 명이요

36 아셀 중에서 능히 진영에 나가서 싸움을 잘하는 자가 사만 명이요

37 요단 저편 르우벤 자손과 갓 자손과 므낫세 반 지파 중에서 모든 무기를 가지고 능히 싸우는 자가 십이만 명이었더라

38 이 모든 군사가 전열을 갖추고 다 성심으로 헤브론에 이르러 다윗을 온 이스라엘 왕으로 삼고자 하고 또 이스라엘의 남은 자도 다 한 마음으로 다윗을 왕으로 삼고자 하여

39 무리가 거기서 다윗과 함께 사흘을 지내며 먹고 마셨으니 이는 그들의 형제가 이미 식물을 준비하였음이며

40 또 그들의 근처에 있는 자로부터 잇사갈과 스불론과 납달리까지도 나귀와 낙타와 노새와 소에다 음식을 많이 실어왔으니 곧 밀가루 과자와 무화과 과자와 건포도와 포도주와 기름이요 소와 양도 많이 가져왔으니 이는 이스라엘 가운데에 기쁨이 있음이었더라

13장

하나님의 궤를 옮기다

1 다윗이 천부장과 백부장 곧 모든 지휘관과 더불어 의논하고

2 다윗이 이스라엘의 온 회중에게 이르되 만일 너희가 좋게 여기고 또 우리의 하나님 여호와께로 말미암았으면 우리가 이스라엘 온 땅에 남아 있는 우리 형제와 또 초원이 딸린 성읍에 사는 제사장과 레위 사람에게 전령을 보내 그들을 우리에게로 모이게 하고

3 우리가 우리 하나님의 궤를 우리에게로 옮겨오자 사울 때에는 우리가 궤 앞에서 묻지 아니하였느니라 하매

4 뭇 백성의 눈이 이 일을 좋게 여기므로 온 회중이 그대로 행하겠다 한지라

5 이에 다윗이 애굽의 시홀 시내에서부터 하맛 어귀까지 온 이스라엘을 불러모으고 기럇여아림에서부터 하나님의 궤를 메어오고자 할새

6 다윗이 온 이스라엘을 거느리고 바알라 곧 유다에 속한 기럇여아림에 올라가서 여호와 하나님의 궤를 메어오려 하니 이는 여호와께서 두 그룹 사이에 계시므로 그러한 이름으로 일컬음을 받았더라

7 하나님의 궤를 새 수레에 싣고 아비나답의 집에서 나오는데 웃사와 아히오는 수레를 몰며

8 다윗과 이스라엘 온 무리는 하나님 앞에서 힘을 다하여 뛰놀며 노래하며 수금과 비파와 소고와 제금과 나팔로 연주하니라

9 기돈의 타작 마당에 이르러서는 소들이 뛰므로 웃사가 손을 펴서 궤를 붙들었더니

10 웃사가 손을 펴서 궤를 붙듦으로 말미암아 여호와께서 진노하사 치시매 그가 거기 하나님 앞에서 죽으니라

11 여호와께서 웃사의 몸을 찢으셨으므로 다윗이 노하여 그 곳을 베레스 웃사라 부르니 그 이름이 오늘까지 이르니라

12 그 날에 다윗이 하나님을 두려워하여 이르되 내가 어떻게 하나님의 궤를 내 곳으로 오게 하리요 하고

13 다윗이 궤를 옮겨 자기가 있는 다윗 성으로 메어들이지 못하고 그 대신 가드 사람 오벧에돔의 집으로 메어가니라

14 하나님의 궤가 오벧에돔의 집에서 그의 가족과 함께 석 달을 있으니라 여호와께서 오벧에돔의 집과 그의 모든 소유에 복을 내리셨더라

14장

예루살렘에서 다윗이 활동하다

1 두로 왕 히람이 다윗에게 사신들과 백향목과 석수와 목수를 보내 그의 궁전을 건축하게 하였더라

2 다윗이 여호와께서 자기를 이스라엘의 왕으로 삼으신 줄을 깨달았으니 이는 그의 백성 이스라엘을 위하여 그의 나라가 높이 들림을 받았음을 앎이었더라

3 다윗이 예루살렘에서 또 아내들을 맞아 다윗이 다시 아들들과 딸들을 낳았으니

4 예루살렘에서 낳은 아들들의 이름은 삼무아와 소밥과 나단과 솔로몬과

5 입할과 엘리수아와 엘벨렛과

6 노가와 네벡과 야비아와

7 엘리사마와 브엘랴다와 엘리벨렛이었더라

다윗이 블레셋을 이기다

8 다윗이 기름 부음을 받아 온 이스라엘의 왕이 되었다 함을 블레셋 사람들이 듣고 모든 블레셋 사람들이 다윗을 찾으러 올라오매 다윗이 듣고 대항하러 나갔으나

9 블레셋 사람들이 이미 이르러 르바임 골짜기로 쳐들어온지라

10 다윗이 하나님께 물어 이르되 내가 블레셋 사람들을 치러 올라가리이까 주께서 그들을 내 손에 넘기시겠나이까 하니 여호와께서 그에게 이르시되 올라가라 내가 그들을 네 손에 넘기리라 하신지라

11 이에 무리가 바알브라심으로 올라갔더니 다윗이 거기서 그들을 치고 다윗이 이르되 하나님이 물을 쪼갬 같이 내 손으로 내 대적을 흩으셨다 하므로 그 곳 이름을 바알브라심이라 부르니라

12 블레셋 사람이 그들의 우상을 그 곳에 버렸으므로 다윗이 명령하여 불에 사르니라

13 블레셋 사람들이 다시 골짜기를 침범한지라

14 다윗이 또 하나님께 묻자온대 하나님이 이르시되 마주 올라가지 말고 그들 뒤로 돌아 뽕나무 수풀 맞은편에서 그들을 기습하되

15 뽕나무 꼭대기에서 걸음 걷는 소리가 들리거든 곧 나가서 싸우라 너보다 하나님이 앞서 나아가서 블레셋 사람들의 군대를 치리라 하신지라

16 이에 다윗이 하나님의 명령대로 행하여 블레셋 사람들의 군대를 쳐서 기브온에서부터 게셀까지 이르렀더니

17 다윗의 명성이 온 세상에 퍼졌고 여호와께서 모든 이방 민족으로 그를 두려워하게 하셨더라

15장

하나님의 궤를 옮길 준비

1 다윗이 다윗 성에서 자기를 위하여 궁전을 세우고 또 하나님의 궤를 둘 곳을 마련하고 그것을 위하여 장막을 치고

2 다윗이 이르되 레위 사람 외에는 하나님의 궤를 멜 수 없나니 이는 여호와께서 그들을 택하사 여호와의 궤를 메고 영원히 그를 섬기게 하셨음이라 하고

3 다윗이 이스라엘 온 무리를 예루살렘으로 모으고 여호와의 궤를 그 마련한 곳으로 메어 올리고자 하여

4 다윗이 아론 자손과 레위 사람을 모으니

5 그핫 자손 중에 지도자 우리엘과 그의 형제가 백이십 명이요

6 므라리 자손 중에 지도자 아사야와 그의 형제가 이백이십 명이요

7 게르솜 자손 중에 지도자 요엘과 그의 형제가 백삼십 명이요

8 엘리사반 자손 중에 지도자 스마야와 그의 형제가 이백 명이요

9 헤브론 자손 중에 지도자 엘리엘과 그의 형제가 팔십 명이요

10 웃시엘 자손 중에 지도자 암미나답과 그의 형제가 백십이 명이라

11 다윗이 제사장 사독과 아비아달을 부르고 또 레위 사람 우리엘과 아사야와 요엘과 스마야와 엘리엘과 암미나답을 불러

12 그들에게 이르되 너희는 레위 사람의 지도자이니 너희와 너희 형제는 몸을 성결하게 하고 내가 마련한 곳으로 이스라엘의 하나님 여호와의 궤를 메어 올리라

13 전에는 너희가 메지 아니하였으므로 우리 하나님 여호와께서 우리를 찢으셨으니 이는 우리가 규례대로 그에게 구하지 아니하였음이라 하니

14 이에 제사장들과 레위 사람들이 이스라엘 하나님 여호와의 궤를 메고 올라가려 하여 몸을 성결하게 하고

15 모세가 여호와의 말씀을 따라 명령한 대로 레위 자손이 채에 하나님의 궤를 꿰어 어깨에 메니라

16 다윗이 레위 사람의 어른들에게 명령하여 그의 형제들을 노래하는 자들로 세우고 비파와 수금과 제금 등의 악기를 울려서 즐거운 소리를 크게 내라 하매

17 레위 사람이 요엘의 아들 헤만과 그의 형제 중 베레야의 아들 아삽과 그의 형제 므라리 자손 중에 구사야의 아들 에단을 세우고

18 그 다음으로 그들의 형제 스가랴와 벤과 야아시엘과 스미라못과 여히엘과 운니와 엘리압과 브나야와 마아세야와 맛디디야와 엘리블레후와 믹네야와 문지기 오벧에돔과 여이엘을 세우니

19 노래하는 자 헤만과 아삽과 에단은 놋제금을 크게 치는 자요

20 스가랴와 아시엘과 스미라못과 여히엘과 운니와 엘리압과 마아세야와 브나야는 비파를 타서 알라못에 맞추는 자요

21 맛디디야와 엘리블레후와 믹네야와 오벧에돔과 여이엘과 아사시야는 수금을 타서 여덟째 음에 맞추어 인도하는 자요

22 레위 사람의 지도자 그나냐는 노래에 익숙하므로 노래를 인도하는 자요

23 베레갸와 엘가나는 궤 앞에서 문을 지키는 자요

24 제사장 스바냐와 요사밧과 느다넬과 아미새와 스가랴와 브나야와 엘리에셀은 하나님의 궤 앞에서 나팔을 부는 자요 오벧에돔과 여히야는 궤 앞에서 문을 지키는 자이더라

하나님의 궤를 예루살렘으로 옮기다

25 이에 다윗과 이스라엘 장로들과 천부장들이 가서 여호와의 언약궤를 즐거이 메고 오벧에돔의 집에서 올라왔는데

26 하나님이 여호와의 언약궤를 멘 레위 사람을 도우셨으므로 무리가 수송아지 일곱 마리와 숫양 일곱 마리로 제사를 드렸더라

27 다윗과 및 궤를 멘 레위 사람과 노래하는 자와 그의 우두머리 그나냐와 모든 노래하는 자도 다 세마포 겉옷을 입었으며 다윗은 또 베 에봇을 입었고

28 이스라엘 무리는 크게 부르며 뿔나팔과 나팔을 불며 제금을 치며 비파와 수금을 힘있게 타며 여호와의 언약궤를 메어 올렸더라

29 여호와의 언약궤가 다윗 성으로 들어올 때에 사울의 딸 미갈이 창으로 내다보다가 다윗 왕이 춤추며 뛰노는 것을 보고 그 마음에 업신여겼더라

1 하나님의 궤를 메고 들어가서 다윗이 그것을 위하여 친 장막 가운데에 두고 번제와 화목제를 하나님께 드리니라

2 다윗이 번제와 화목제 드리기를 마치고 여호와의 이름으로 백성에게 축복하고

3 이스라엘 무리 중 남녀를 막론하고 각 사람에게 떡 한 덩이와 야자열매로 만든 과자와 건포도로 만든 과자 하나씩을 나누어 주었더라

4 또 레위 사람을 세워 여호와의 궤 앞에서 섬기며 이스라엘 하나님 여호와를 칭송하고 감사하며 찬양하게 하였으니

5 아삽은 우두머리요 그 다음은 스가랴와 여이엘과 스미라못과 여히엘과 맛디디아와 엘리압과 브나야와 오벧에돔과 여이엘이라 비파와 수금을 타고 아삽은 제금을 힘있게 치고

6 제사장 브나야와 야하시엘은 항상 하나님의 언약궤 앞에서 나팔을 부니라

감사 찬양

7 그 날에 다윗이 아삽과 그의 형제를 세워 먼저 여호와께 감사하게 하여 이르기를

8 너희는 여호와께 감사하며 그의 이름을 불러 아뢰며 그가 행하신 일을 만민 중에 알릴지어다

9 그에게 노래하며 그를 찬양하고 그의 모든 기사를 전할지어다

년   월   일

10 그의 성호를 자랑하라 여호와를 구하는 자마다 마음이 즐거울지로다

11 여호와와 그의 능력을 구할지어다 항상 그의 얼굴을 찾을지어다

12-13 그의 종 이스라엘의 후손 곧 택하신 야곱의 자손 너희는 그의 행하신 기사와 그의 이적과 그의 입의 법도를 기억할지어다

14 그는 여호와 우리 하나님이시라 그의 법도가 온 땅에 있도다

15 너희는 그의 언약 곧 천 대에 명령하신 말씀을 영원히 기억할지어다

16 이것은 아브라함에게 하신 언약이며 이삭에게 하신 맹세이며

17 이는 야곱에게 세우신 율례 곧 이스라엘에게 하신 영원한 언약이라

18 이르시기를 내가 가나안 땅을 네게 주어 너희 기업의 지경이 되게 하리라 하셨도다

19 그 때에 너희 사람 수가 적어서 보잘것없으며 그 땅에 객이 되어

20 이 민족에게서 저 민족에게로, 이 나라에서 다른 백성에게로 유랑하였도다

21 여호와께서는 사람이 그들을 해하기를 용납하지 아니하시고 그들 때문에 왕들을 꾸짖어

22 이르시기를 나의 기름 부은 자에게 손을 대지 말며 나의 선지자를 해하지 말라 하셨도다

23 온 땅이여 여호와께 노래하며 그의 구원을 날마다 선포할지어다

24 그의 영광을 모든 민족 중에, 그의 기이한 행적을 만민 중에 선포할지어다

25 여호와는 위대하시니 극진히 찬양할 것이요 모든 신보다 경외할 것임이여

26 만국의 모든 신은 헛것이나 여호와께서는 하늘을 지으셨도다

27 존귀와 위엄이 그의 앞에 있으며 능력과 즐거움이 그의 처소에 있도다

28 여러 나라의 종족들아 영광과 권능을 여호와께 돌릴지어다 여호와께 돌릴지어다

29 여호와의 이름에 합당한 영광을 그에게 돌릴지어다 제물을 들고 그 앞에 들어갈지어다 아름답고 거룩한 것으로 여호와께 경배할지어다

30 온 땅이여 그 앞에서 떨지어다 세계가 굳게 서고 흔들리지 아니하는도다

31 하늘은 기뻐하고 땅은 즐거워하며 모든 나라 중에서는 이르기를 여호와께서 통치하신다 할지로다

32 바다와 거기 충만한 것이 외치며 밭과 그 가운데 모든 것은 즐거워할지로다

33 그리 할 때에 숲 속의 나무들이 여호와 앞에서 즐거이 노래하리니 주께서 땅을 심판하러 오실 것임이로다

34 여호와께 감사하라 그는 선하시며 그의 인자하심이 영원함이로다

35 너희는 이르기를 우리 구원의 하나님이여 우리를 구원하여 만국 가운데에서 건져내시고 모으사 우리로 주의 거룩한 이름을 감사하며 주의 영광을 드높이게 하소서 할지어다

36 여호와 이스라엘의 하나님을 영원부터 영원까지 송축할지로다 하매 모든 백성이 아멘 하고 여호와를 찬양하였더라

기브온에서 번제를 드리다

37 다윗이 아삽과 그의 형제를 여호와의 언약궤 앞에 있게 하며 항상 그 궤 앞에서 섬기게 하되 날마다 그 일대로 하게 하였고

38 오벧에돔과 그의 형제 육십팔 명과 여두둔의 아들 오벧에돔과 호사를 문지기로 삼았고

39 제사장 사독과 그의 형제 제사장들에게 기브온 산당에서 여호와의 성막 앞에 모시게 하여

40 항상 아침 저녁으로 번제단 위에 여호와께 번제를 드리되 여호와의 율법에 기록하여 이스라엘에게 명령하신 대로 다 준행하게 하였고

41 또 여호와의 인자하심이 영원하시므로 그들과 함께 헤만과 여두둔과 그리고 택함을 받아 지명된 나머지 사람을 세워 감사하게 하였고

42 또 그들과 함께 헤만과 여두둔을 세워 나팔과 제금들과 하나님을 찬송하는 악기로 소리를 크게 내게 하였고 또 여두둔의 아들에게 문을 지키게 하였더라

43 이에 뭇 백성은 각각 그 집으로 돌아가고 다윗도 자기 집을 위하여 축복하려고 돌아갔더라

17장

다윗에 대한 여호와의 말씀과 계시

1 다윗이 그의 궁전에 거주할 때에 다윗이 선지자 나단에게 이르되 나는 백향목 궁에 거주하거늘 여호와의 언약궤는 휘장 아래에 있도다

2 나단이 다윗에게 아뢰되 하나님이 왕과 함께 계시니 마음에 있는 바를 모두 행하소서

3 그 밤에 하나님의 말씀이 나단에게 임하여 이르시되

4 가서 내 종 다윗에게 말하기를 여호와의 말씀이 너는 내가 거할 집을 건축하지 말라

5 내가 이스라엘을 애굽에서 올라오게 한 날부터 오늘까지 집에 있지 아니하고 오직 이 장막과 저 장막에 있으며 이 성막과 저 성막에 있었나니

6 이스라엘 무리와 더불어 가는 모든 곳에서 내가 내 백성을 먹이라고 명령한 이스라엘 어느 사사에게 내가 말하기를 너희가 어찌하여 내 백향목 집을 건축하지 아니하였느냐고 말하였느냐 하고

7 또한 내 종 다윗에게 이처럼 말하라 만군의 여호와께서 이처럼 말씀하시기를 내가 너를 목장 곧 양 떼를 따라다니던 데에서 데려다가 내 백성 이스라엘의 주권자로 삼고

8 네가 어디로 가든지 내가 너와 함께 있어 네 모든 대적을 네 앞에서 멸하였은즉 세상에서 존귀한 자들의 이름 같은 이름을 네게 만들어 주리라

9 내가 또 내 백성 이스라엘을 위하여 한 곳을 정하여 그들을 심고 그들이 그 곳에 거주하면서 다시는 옮겨가지 아니하게 하며 악한 사람들에게 전과 같이 그들을 해치지 못하게 하여

10 전에 내가 사사에게 명령하여 내 백성 이스라엘을 다스리던 때와 같지 아니하게 하고 또 네 모든 대적으로 네게 복종하게 하리라 또 네게 이르노니 여호와가 너를 위하여 한 왕조를 세울지라

11 네 생명의 연한이 차서 네가 조상들에게로 돌아가면 내가 네 뒤에 네 씨 곧 네 아들 중 하나를 세우고 그 나라를 견고하게 하리니

12 그는 나를 위하여 집을 건축할 것이요 나는 그의 왕위를 영원히 견고하게 하리라

13 나는 그의 아버지가 되고 그는 나의 아들이 되리니 나의 인자를 그에게서 빼앗지 아니하기를 내가 네 전에 있던 자에게서 빼앗음과 같이 하지 아니할 것이며

14 내가 영원히 그를 내 집과 내 나라에 세우리니 그의 왕위가 영원히 견고하리라 하셨다 하라

15 나단이 이 모든 말씀과 이 모든 계시대로 다윗에게 전하니라

다윗의 감사 기도

16 다윗 왕이 여호와 앞에 들어가 앉아서 이르되 여호와 하나님이여 나는 누구이오며 내 집은 무엇이기에 나에게 이에 이르게 하셨나이까

17 하나님이여 주께서 이것을 오히려 작게 여기시고 또 종의 집에 대하여 먼 장래까지 말씀하셨사오니 여호와 하나님이여 나를 존귀한 자들 같이 여기셨나이다

18 주께서 주의 종에게 베푸신 영예에 대하여 이 다윗이 다시 주께 무슨 말을 하오리이까 주께서는 주의 종을 아시나이다

19 여호와여 주께서 주의 종을 위하여 주의 뜻대로 이 모든 큰 일을 행하사 이 모든 큰 일을 알게 하셨나이다

20 여호와여 우리 귀로 들은 대로는 주와 같은 이가 없고 주 외에는 하나님이 없나이다

21 땅의 어느 한 나라가 주의 백성 이스라엘과 같으리이까 하나님이 자기 백성을 구속하시려고 나가사 크고 두려운 일로 말미암아 이름을 얻으시고 애굽에서 구속하신 자기 백성 앞에서 모든 민족을 쫓아내셨사오며

22 주께서 주의 백성 이스라엘을 영원히 주의 백성으로 삼으셨사오니 여호와여 주께서 그들의 하나님이 되셨나이다

23 여호와여 이제 주의 종과 그의 집에 대하여 말씀하신 것을 영원히 견고하게 하시며 말씀하신 대로 행하사

24 견고하게 하시고 사람에게 영원히 주의 이름을 높여 이르기를 만군의 여호와는 이스라엘의 하나님 곧 이스라엘에게 하나님이시라 하게 하시며 주의 종 다윗의 왕조가 주 앞에서 견고히 서게 하옵소서

25 나의 하나님이여 주께서 종을 위하여 왕조를 세우실 것을 이미 듣게 하셨으므로 주의 종이 주 앞에서 이 기도로 간구할 마음이 생겼나이다

26 여호와여 오직 주는 하나님이시라 주께서 이 좋은 것으로 주의 종에게 허락하시고

27 이제 주께서 종의 왕조에 복을 주사 주 앞에 영원히 두시기를 기뻐하시나이다 여호와여 주께서 복을 주셨사오니 이 복을 영원히 누리리이다 하니라

다윗의 승전 기록

1 그 후에 다윗이 블레셋 사람들을 쳐서 항복을 받고 블레셋 사람들의 손에서 가드와 그 동네를 빼앗고

2 또 모압을 치매 모압 사람이 다윗의 종이 되어 조공을 바치니라

3 소바 왕 하닷에셀이 유브라데 강 가에서 자기 세력을 펴고자 하매 다윗이 그를 쳐서 하맛까지 이르고

4 다윗이 그에게서 병거 천 대와 기병 칠천 명과 보병 이만 명을 빼앗고 다윗이 그 병거 백 대의 말들만 남기고 그 외의 병거의 말은 다 발의 힘줄을 끊었더니

5 다메섹 아람 사람이 소바 왕 하닷에셀을 도우러 온지라 다윗이 아람 사람 이만 이천 명을 죽이고

6 다윗이 다메섹 아람에 수비대를 두매 아람 사람이 다윗의 종이 되어 조공을 바치니라 다윗이 어디로 가든지 여호와께서 이기게 하시니라

7 다윗이 하닷에셀의 신하들이 가진 금 방패를 빼앗아 예루살렘으로 가져오고

8 또 하닷에셀의 성읍 디브핫과 군에서 심히 많은 놋을 빼앗았더니 솔로몬이 그것으로 놋대야와 기둥과 놋그릇들을 만들었더라

9 하맛 왕 도우가 다윗이 소바 왕 하닷에셀의 온 군대를 쳐서 무찔렀다 함을 듣고

10 그의 아들 하도람을 보내서 다윗 왕에게 문안하고 축복하게 하니 이는 하닷에셀이 벌써 도우와 맞서 여러 번 전쟁이 있던 터에 다윗이 하닷에셀을 쳐서 무찔렀음이라 하도람이 금과 은과 놋의 여러 가지 그릇을 가져온지라

11 다윗 왕이 그것도 여호와께 드리되 에돔과 모압과 암몬 자손과 블레셋 사람들과 아말렉 등 모든 이방 민족에게서 빼앗아 온 은금과 함께 하여 드리니라

12 스루야의 아들 아비새가 소금 골짜기에서 에돔 사람 만 팔천 명을 쳐죽인지라

13 다윗이 에돔에 수비대를 두매 에돔 사람이 다 다윗의 종이 되니라 다윗이 어디로 가든지 여호와께서 이기게 하셨더라

14 다윗이 온 이스라엘을 다스려 모든 백성에게 정의와 공의를 행할새

15 스루야의 아들 요압은 군대사령관이 되고 아힐룻의 아들 여호사밧은 행정 장관이 되고

16 아히둡의 아들 사독과 아비아달의 아들 아비멜렉은 제사장이 되고 사워사 는 서기관이 되고

17 여호야다의 아들 브나야는 그렛 사람과 블렛 사람을 다스리고 다윗의 아들 들은 왕을 모시는 사람들의 우두머리가 되니라

19장 다윗이 암몬과 아람을 치다

1 그 후에 암몬 자손의 왕 나하스가 죽고 그의 아들이 대신하여 왕이 되니

2 다윗이 이르되 하눈의 아버지 나하스가 전에 내게 호의를 베풀었으니 이제 내가 그의 아들 하눈에게 호의를 베풀리라 하고 사절들을 보내서 그의 아버 지 죽음을 문상하게 하니라 다윗의 신하들이 암몬 자손의 땅에 이르러 하눈 에게 나아가 문상하매

3 암몬 자손의 방백들이 하눈에게 말하되 왕은 다윗이 조문사절을 보낸 것이 왕의 부친을 존경함인 줄로 여기시나이까 그의 신하들이 왕에게 나아온 것 이 이 땅을 엿보고 정탐하여 전복시키고자 함이 아니니이까 하는지라

4 하눈이 이에 다윗의 신하들을 잡아 그들의 수염을 깎고 그 의복을 볼기 중 간까지 자르고 돌려보내매

5 어떤 사람이 다윗에게 가서 그 사람들이 당한 일을 말하니라 그 사람들이 심히 부끄러워하므로 다윗이 그들을 맞으러 보내 왕이 이르기를 너희는 수 염이 자라기까지 여리고에 머물다가 돌아오라 하니라

6 암몬 자손이 자기가 다윗에게 밉게 한 줄 안지라 하눈과 암몬 자손은 더불어 은 천 달란트를 아람 나하라임과 아람마아가와 소바에 보내 병거와 마병을 삯 내되

7 곧 병거 삼만 이천 대와 마아가 왕과 그의 군대를 고용하였더니 그들이 와서 메드바 앞에 진 치매 암몬 자손이 그 모든 성읍으로부터 모여 와서 싸우려 한지라

8 다윗이 듣고 요압과 용사의 온 무리를 보냈더니

9 암몬 자손은 나가서 성문 앞에 진을 치고 도우러 온 여러 왕은 따로 들에 있더라

10 요압이 앞 뒤에 친 적진을 보고 이스라엘에서 뽑은 자 중에서 또 뽑아 아람 사람을 대하여 진을 치고

11 그 남은 무리는 그의 아우 아비새의 수하에 맡겨 암몬 자손을 대하여 진을 치게 하고

12 이르되 만일 아람 사람이 나보다 강하면 네가 나를 돕고 만일 암몬 자손이 너보다 강하면 내가 너를 도우리라

13 너는 힘을 내라 우리가 우리 백성과 우리 하나님의 성읍들을 위하여 힘을 내자 여호와께서 선히 여기시는 대로 행하시기를 원하노라 하고

14 요압과 그 추종자가 싸우려고 아람 사람 앞에 나아가니 그들이 그 앞에서 도망하고

15 암몬 자손은 아람 사람이 도망함을 보고 그들도 요압의 아우 아비새 앞에서 도망하여 성읍으로 들어간지라 이에 요압이 예루살렘으로 돌아오니라

16 아람 사람이 자기가 이스라엘 앞에서 패하였음을 보고 사신을 보내 강 건너 편에 있는 아람 사람을 불러내니 하닷에셀의 군대사령관 소박이 그들을 거느린지라

17 어떤 사람이 다윗에게 전하매 다윗이 온 이스라엘을 모으고 요단을 건너 아람 사람에게 이르러 그들을 향하여 진을 치니라 다윗이 아람 사람을 향하여 진을 치매 그들이 다윗과 맞서 싸우더니

18 아람 사람이 이스라엘 앞에서 도망한지라 다윗이 아람 병거 칠천 대의 군사와 보병 사만 명을 죽이고 또 군대 지휘관 소박을 죽이매

19 하닷에셀의 부하들이 자기가 이스라엘 앞에서 패하였음을 보고 다윗과 더불어 화친하여 섬기고 그 후로는 아람 사람이 암몬 자손 돕기를 원하지 아니하였더라

다윗이 랍바를 함락시키다

1 해가 바뀌어 왕들이 출전할 때가 되매 요압이 그 군대를 거느리고 나가서 암몬 자손의 땅을 격파하고 들어가 랍바를 에워싸고 다윗은 예루살렘에 그대로 있더니 요압이 랍바를 쳐서 함락시키매

2 다윗이 그 왕의 머리에서 보석 있는 왕관을 빼앗아 중량을 달아보니 금 한 달란트라 그들의 왕관을 자기 머리에 쓰니라 다윗이 또 그 성에서 노략한 물건을 무수히 내오고

3 그 가운데 백성을 끌어내어 톱과 쇠도끼와 돌써래로 일하게 하니라 다윗이 암몬 자손의 모든 성읍을 이같이 하고 다윗이 모든 백성과 함께 예루살렘으로 돌아오니라

블레셋 사람들과 싸우다

4 이 후에 블레셋 사람들과 게셀에서 전쟁할 때에 후사 사람 십브개가 키가 큰 자의 아들 중에 십배를 쳐죽이매 그들이 항복하였더라

5 다시 블레셋 사람들과 전쟁할 때에 야일의 아들 엘하난이 가드 사람 골리앗의 아우 라흐미를 죽였는데 이 사람의 창자루는 베틀채 같았더라

6 또 가드에서 전쟁할 때에 그 곳에 키 큰 자 하나는 손과 발에 가락이 여섯씩 모두 스물넷이 있는데 그도 키가 큰 자의 소생이라

7 그가 이스라엘을 능욕하므로 다윗의 형 시므아의 아들 요나단이 그를 죽이 니라

8 가드의 키 큰 자의 소생이라도 다윗의 손과 그 신하의 손에 다 죽었더라

21장

다윗의 인구 조사

1 사탄이 일어나 이스라엘을 대적하고 다윗을 충동하여 이스라엘을 계수하게 하니라

2 다윗이 요압과 백성의 지도자들에게 이르되 너희는 가서 브엘세바에서부 터 단까지 이스라엘을 계수하고 돌아와 내게 보고하여 그 수효를 알게 하라 하니

3 요압이 아뢰되 여호와께서 그 백성을 지금보다 백 배나 더하시기를 원하나이 다 내 주 왕이여 이 백성이 다 내 주의 종이 아니니이까 내 주께서 어찌하여 이 일을 명령하시나이까 어찌하여 이스라엘이 범죄하게 하시나이까 하나

4 왕의 명령이 요압을 재촉한지라 드디어 요압이 떠나 이스라엘 땅에 두루 다 닌 후에 예루살렘으로 돌아와

5 요압이 백성의 수효를 다윗에게 보고하니 이스라엘 중에 칼을 뺄 만한 자가 백십만 명이요 유다 중에 칼을 뺄 만한 자가 사십칠만 명이라

6 요압이 왕의 명령을 마땅치 않게 여겨 레위와 베냐민 사람은 계수하지 아니 하였더라

7 하나님이 이 일을 악하게 여기사 이스라엘을 치시매

8 다윗이 하나님께 아뢰되 내가 이 일을 행함으로 큰 죄를 범하였나이다 이제 간구하옵나니 종의 죄를 용서하여 주옵소서 내가 심히 미련하게 행하였나 이다 하니라

9 여호와께서 다윗의 선견자 갓에게 말씀하여 이르시되

10 가서 다윗에게 말하여 이르기를 여호와의 말씀이 내가 네게 세 가지를 내어
놓으리니 그 중에서 하나를 네가 택하라 내가 그것을 네게 행하리라 하셨다
하라 하신지라

11 갓이 다윗에게 나아가 그에게 말하되 여호와의 말씀이 너는 마음대로 택하
라

12 혹 삼년 기근이든지 혹 네가 석 달을 적군에게 패하여 적군의 칼에 쫓길 일
이든지 혹 여호와의 칼 곧 전염병이 사흘 동안 이 땅에 유행하며 여호와의
천사가 이스라엘 온 지경을 멸할 일이든지라고 하셨나니 내가 무슨 말로 나
를 보내신 이에게 대답할지를 결정하소서 하니

13 다윗이 갓에게 이르되 내가 곤경에 빠졌도다 여호와께서는 긍휼이 심히 크
시니 내가 그의 손에 빠지고 사람의 손에 빠지지 아니하기를 원하나이다 하
는지라

14 이에 여호와께서 이스라엘 백성에게 전염병을 내리시매 이스라엘 백성 중
에서 죽은 자가 칠만 명이었더라

15 하나님이 예루살렘을 멸하러 천사를 보내셨더니 천사가 멸하려 할 때에 여
호와께서 보시고 이 재앙 내림을 뉘우치사 멸하는 천사에게 이르시되 족하
다 이제는 네 손을 거두라 하시니 그 때에 여호와의 천사가 여부스 사람 오
르난의 타작 마당 곁에 선지라

16 다윗이 눈을 들어 보매 여호와의 천사가 천지 사이에 섰고 칼을 빼어 손에
들고 예루살렘 하늘을 향하여 편지라 다윗이 장로들과 더불어 굵은 베를 입
고 얼굴을 땅에 대고 엎드려

17 하나님께 아뢰되 명령하여 백성을 계수하게 한 자가 내가 아니니이까 범죄
하고 악을 행한 자는 곧 나이니이다 이 양 떼는 무엇을 행하였나이까 청하
건대 나의 하나님 여호와여 주의 손으로 나와 내 아버지의 집을 치시고 주
의 백성에게 재앙을 내리지 마옵소서 하니라

18 여호와의 천사가 갓에게 명령하여 다윗에게 이르시기를 다윗은 올라가서
여부스 사람 오르난의 타작 마당에서 여호와를 위하여 제단을 쌓으라 하신
지라

19 이에 갓이 여호와의 이름으로 이른 말씀대로 다윗이 올라가니라

20 그 때에 오르난이 밀을 타작하다가 돌이켜 천사를 보고 오르난이 네 명의 아들과 함께 숨었더니

21 다윗이 오르난에게 나아가매 오르난이 내다보다가 다윗을 보고 타작 마당에서 나와 얼굴을 땅에 대고 다윗에게 절하매

22 다윗이 오르난에게 이르되 이 타작하는 곳을 내게 넘기라 너는 상당한 값으로 내게 넘기라 내가 여호와를 위하여 여기 한 제단을 쌓으리니 그리하면 전염병이 백성 중에서 그치리라 하니

23 오르난이 다윗에게 말하되 왕은 취하소서 내 주 왕께서 좋게 여기시는 대로 행하소서 보소서 내가 이것들을 드리나이다 소들은 번제물로, 곡식 떠는 기계는 화목으로, 밀은 소제물로 삼으시기 위하여 다 드리나이다 하는지라

24 다윗 왕이 오르난에게 이르되 그렇지 아니하다 내가 반드시 상당한 값으로 사리라 내가 여호와께 드리려고 네 물건을 빼앗지 아니하겠고 값 없이는 번제를 드리지도 아니하리라 하니라

25 그리하여 다윗은 그 터 값으로 금 육백 세겔을 달아 오르난에게 주고

26 다윗이 거기서 여호와를 위하여 제단을 쌓고 번제와 화목제를 드려 여호와께 아뢰었더니 여호와께서 하늘에서부터 번제단 위에 불을 내려 응답하시고

27 여호와께서 천사를 명령하시매 그가 칼을 칼집에 꽂았더라

28 이 때에 다윗이 여호와께서 여부스 사람 오르난의 타작 마당에서 응답하심을 보고 거기서 제사를 드렸으니

29 옛적에 모세가 광야에서 지은 여호와의 성막과 번제단이 그 때에 기브온 산당에 있었으나

30 다윗이 여호와의 천사의 칼을 두려워하여 감히 그 앞에 가서 하나님께 묻지 못하더라

년   월   일

117

22장

1 다윗이 이르되 이는 여호와 하나님의 성전이요 이는 이스라엘의 번제단이라 하였더라

성전 건축 준비

2 다윗이 명령하여 이스라엘 땅에 거류하는 이방 사람을 모으고 석수를 시켜 하나님의 성전을 건축할 돌을 다듬게 하고

3 다윗이 또 문짝 못과 거멀 못에 쓸 철을 많이 준비하고 또 무게를 달 수 없을 만큼 심히 많은 놋을 준비하고

4 또 백향목을 무수히 준비하였으니 이는 시돈 사람과 두로 사람이 백향목을 다윗에게로 많이 수운하여 왔음이라

5 다윗이 이르되 내 아들 솔로몬은 어리고 미숙하고 여호와를 위하여 건축할 성전은 극히 웅장하여 만국에 명성과 영광이 있게 하여야 할지라 그러므로 내가 이제 그것을 위하여 준비하리라 하고 다윗이 죽기 전에 많이 준비하였더라

6 다윗이 그의 아들 솔로몬을 불러 이스라엘 하나님 여호와를 위하여 성전 건축하기를 부탁하여

7 다윗이 솔로몬에게 이르되 내 아들아 나는 내 하나님 여호와의 이름을 위하여 성전을 건축할 마음이 있었으나

8 여호와의 말씀이 내게 임하여 이르시되 너는 피를 심히 많이 흘렸고 크게 전쟁하였느니라 네가 내 앞에서 땅에 피를 많이 흘렸은즉 내 이름을 위하여 성전을 건축하지 못하리라

9 보라 한 아들이 네게서 나리니 그는 온순한 사람이라 내가 그로 주변 모든 대적에게서 평온을 얻게 하리라 그의 이름을 솔로몬이라 하리니 이는 내가 그의 생전에 평안과 안일함을 이스라엘에게 줄 것임이니라

10 그가 내 이름을 위하여 성전을 건축할지라 그는 내 아들이 되고 나는 그의 아버지가 되어 그 나라 왕위를 이스라엘 위에 굳게 세워 영원까지 이르게 하리라 하셨나니

11 이제 내 아들아 여호와께서 너와 함께 계시기를 원하며 네가 형통하여 여호
　　와께서 네게 대하여 말씀하신 대로 네 하나님 여호와의 성전을 건축하며

12 여호와께서 네게 지혜와 총명을 주사 네게 이스라엘을 다스리게 하시고 네
　　하나님 여호와의 율법을 지키게 하시기를 더욱 원하노라

13 그 때에 네가 만일 여호와께서 모세를 통하여 이스라엘에게 명령하신 모든
　　규례와 법도를 삼가 행하면 형통하리니 강하고 담대하여 두려워하지 말고
　　놀라지 말지어다

14 내가 환난 중에 여호와의 성전을 위하여 금 십만 달란트와 은 백만 달란트
　　와 놋과 철을 그 무게를 달 수 없을 만큼 심히 많이 준비하였고 또 재목과
　　돌을 준비하였으나 너는 더할 것이며

15 또 장인이 네게 많이 있나니 곧 석수와 목수와 온갖 일에 익숙한 모든 사람
　　이니라

16 금과 은과 놋과 철이 무수하니 너는 일어나 일하라 여호와께서 너와 함께
　　계실지로다 하니라

17 다윗이 또 이스라엘 모든 방백에게 명령하여 그의 아들 솔로몬을 도우라 하
　　여 이르되

18 너희 하나님 여호와께서 너희와 함께 계시지 아니하시느냐 사면으로 너희
　　에게 평온함을 주지 아니하셨느냐 이 땅 주민을 내 손에 넘기사 이 땅으로
　　여호와와 그의 백성 앞에 복종하게 하셨나니

19 이제 너희는 마음과 뜻을 바쳐서 너희 하나님 여호와를 구하라 그리고 일어
　　나서 여호와 하나님의 성전을 건축하고 여호와의 언약궤와 하나님 성전의
　　기물을 가져다가 여호와의 이름을 위하여 건축한 성전에 들이게 하라 하였
　　더라

장 레위 사람의 일

1 다윗이 나이가 많아 늙으매 아들 솔로몬을 이스라엘 왕으로 삼고

2 이스라엘 모든 방백과 제사장과 레위 사람을 모았더라

3 레위 사람은 삼십 세 이상으로 계수하니 모든 남자의 수가 삼만 팔천 명인데

4 그 중의 이만 사천 명은 여호와의 성전의 일을 보살피는 자요 육천 명은 관원과 재판관이요

5 사천 명은 문지기요 사천 명은 그가 여호와께 찬송을 드리기 위하여 만든 악기로 찬송하는 자들이라

6 다윗이 레위의 아들들을 게르손과 그핫과 므라리에 따라 각 반으로 나누었더라

7 게르손 자손은 라단과 시므이라

8 라단의 아들들은 우두머리 여히엘과 또 세담과 요엘 세 사람이요

9 시므이의 아들들은 슬로밋과 하시엘과 하란 세 사람이니 이는 라단의 우두머리들이며

10 또 시므이의 아들들은 야핫과 시나와 여우스와 브리아이니 이 네 사람도 시므이의 아들이라

11 그 우두머리는 야핫이요 그 다음은 시사며 여우스와 브리아는 아들이 많지 아니하므로 그들과 한 조상의 가문으로 계수되었더라

12 그핫의 아들들은 아므람과 이스할과 헤브론과 웃시엘 네 사람이라

13 아므람의 아들들은 아론과 모세이니 아론은 그 자손들과 함께 구별되어 몸을 성결하게 하여 영원토록 심히 거룩한 자가 되어 여호와 앞에 분향하고 섬기며 영원토록 그 이름으로 축복하게 되었느니라

14 하나님의 사람 모세의 아들들은 레위 지파 중에 기록되었으니

15 모세의 아들은 게르솜과 엘리에셀이라

16 게르솜의 아들중에 스브엘이 우두머리가 되었고

17 엘리에셀의 아들들은 우두머리 르하뱌라 엘리에셀에게 이 외에는 다른 아들이 없고 르하뱌의 아들들은 심히 많았으며

18 이스할의 아들들은 우두머리 슬로밋이요

19 헤브론의 아들들은 우두머리 여리야와 둘째 아마랴와 셋째 야하시엘과 넷째 여가므암이며

20 웃시엘의 아들들은 우두머리 미가와 그 다음 잇시야더라

21 므라리의 아들들은 마흘리와 무시요 마흘리의 아들들은 엘르아살과 기스라

22 엘르아살이 아들이 없이 죽고 딸만 있더니 그의 형제 기스의 아들이 그에게 장가 들었으며

23 무시의 아들들은 마흘리와 에델과 여레못 세 사람이더라

24 이는 다 레위 자손이니 그 조상의 가문을 따라 계수된 이름이 기록되고 여호와의 성전에서 섬기는 일을 하는 이십세 이상 된 우두머리들이라

25 다윗이 이르기를 이스라엘 하나님 여호와께서 평강을 그의 백성에게 주시고 예루살렘에 영원히 거하시나니

26 레위 사람이 다시는 성막과 그 가운데에서 쓰는 모든 기구를 멜 필요가 없다 한지라

27 다윗의 유언대로 레위 자손이 이십 세 이상으로 계수되었으니

28 그 직분은 아론의 자손을 도와 여호와의 성전과 뜰과 골방에서 섬기고 또 모든 성물을 정결하게 하는 일 곧 하나님의 성전에서 섬기는 일과

29 또 진설병과 고운 가루의 소제물 곧 무교전병이나 과자를 굽는 것이나 반죽하는 것이나 또 모든 저울과 자를 맡고

30 아침과 저녁마다 서서 여호와께 감사하고 찬송하며

31 또 안식일과 초하루와 절기에 모든 번제를 여호와께 드리되 그가 명령하신 규례의 정한 수효대로 항상 여호와 앞에 드리며

32 또 회막의 직무와 성소의 직무와 그들의 형제 아론 자손의 직무를 지켜 여호와의 성전에서 수종드는 것이더라

24장 제사장 직분을 맡은 사람들

1 아론 자손의 계열들이 이러하니라 아론의 아들들은 나답과 아비후와 엘르
   아살과 이다말이라

2 나답과 아비후가 그들의 아버지보다 먼저 죽고 그들에게 아들이 없으므로
   엘르아살과 이다말이 제사장의 직분을 행하였더라

3 다윗이 엘르아살의 자손 사독과 이다말의 자손 아히멜렉과 더불어 그들을
   나누어 각각 그 섬기는 직무를 맡겼는데

4 엘르아살의 자손 중에 우두머리가 이다말의 자손보다 많으므로 나눈 것이
   이러하니 엘르아살 자손의 우두머리가 열여섯 명이요 이다말 자손은 그 조
   상들의 가문을 따라 여덟 명이라

5 이에 제비 뽑아 피차에 차등이 없이 나누었으니 이는 성전의 일을 다스리는
   자와 하나님의 일을 다스리는 자가 엘르아살의 자손 중에도 있고 이다말의
   자손 중에도 있음이라

6 레위 사람 느다넬의 아들 서기관 스마야가 왕과 방백과 제사장 사독과 아비
   아달의 아들 아히멜렉과 및 제사장과 레위 사람의 우두머리 앞에서 그 이름
   을 기록하여 엘르아살의 자손 중에서 한 집을 뽑고 이다말의 자손 중에서
   한 집을 뽑았으니

7 첫째로 제비 뽑힌 자는 여호야립이요 둘째는 여다야요

8 셋째는 하림이요 넷째는 스오림이요

9 다섯째는 말기야요 여섯째는 미야민이요

10 일곱째는 학고스요 여덟째는 아비야요

11 아홉째는 예수아요 열째는 스가냐요

12 열한째는 엘리아십이요 열두째는 야김이요

13 열셋째는 훕바요 열넷째는 예세브압이요

14 열다섯째는 빌가요 열여섯째는 임멜이요

년   월   일

15 열일곱째는 헤실이요 열여덟째는 합비세스요

16 열아홉째는 브다히야요 스무째는 여헤스겔이요

17 스물한째는 야긴이요 스물두째는 가물이요

18 스물셋째는 들라야요 스물넷째는 마아시야라

19 이와 같은 직무에 따라 여호와의 성전에 들어가서 그의 아버지 아론을 도왔으니 이는 이스라엘의 하나님 여호와께서 명하신 규례더라

레위 자손 중에 남은 자들

20 레위 자손 중에 남은 자는 이러하니 아므람의 아들들 중에는 수바엘이요 수바엘의 아들들 중에는 예드야며

21 르하뱌에게 이르러는 그의 아들들 중에 우두머리 잇시야요

22 이스할의 아들들 중에는 슬로못이요 슬로못의 아들들 중에는 야핫이요

23 헤브론의 아들들은 장자 여리야와 둘째 아마랴와 셋째 야하시엘과 넷째 여가므암이요

24 웃시엘의 아들들은 미가요 미가의 아들들 중에는 사밀이요

25 미가의 아우는 잇시야라 잇시야의 아들들 중에는 스가랴이며

26 므라리의 아들들은 마흘리와 무시요 야아시야의 아들들은 브노이니

27 므라리의 자손 야아시야에게서 난 자는 브노와 소함과 삭굴과 이브리요

28 마흘리의 아들 중에는 엘르아살이니 엘르아살은 아들이 없으며

29 기스에게 이르러는 그의 아들 여라므엘이요

30 무시의 아들들은 마흘리와 에델과 여리못이니 이는 다 그 조상의 가문에 따라 기록한 레위 자손이라

31 이 여러 사람도 다윗 왕과 사독과 아히멜렉과 제사장과 레위 우두머리 앞에서 그들의 형제 아론 자손처럼 제비 뽑혔으니 장자의 가문과 막내 동생의 가문이 다름이 없더라

25장 찬송을 맡은 사람들

1 다윗이 군대 지휘관들과 더불어 아삽과 헤만과 여두둔의 자손 중에서 구별하여 섬기게 하되 수금과 비파와 제금을 잡아 신령한 노래를 하게 하였으니 그 직무대로 일하는 자의 수효는 이러하니라

2 아삽의 아들들은 삭굴과 요셉과 느다냐와 아사렐라니 이 아삽의 아들들이 아삽의 지휘 아래 왕의 명령을 따라 신령한 노래를 하며

3 여두둔에게 이르러서는 그의 아들들 그달리야와 스리와 여사야와 시므이와 하사뱌와 맛디디야 여섯 사람이니 그의 아버지 여두둔의 지휘 아래 수금을 잡아 신령한 노래를 하며 여호와께 감사하며 찬양하며

4 헤만에게 이르러는 그의 아들들 북기야와 맛다냐와 웃시엘과 스브엘과 여리못과 하나냐와 하나니와 엘리아다와 깃달디와 로맘디에셀과 요스브가사와 말로디와 호딜과 마하시옷이라

5 이는 다 헤만의 아들들이니 나팔을 부는 자들이며 헤만은 하나님의 말씀을 가진 왕의 선견자라 하나님이 헤만에게 열네 아들과 세 딸을 주셨더라

6 이들이 다 그들의 아버지의 지휘 아래 제금과 비파와 수금을 잡아 여호와의 전에서 노래하여 하나님의 전을 섬겼으며 아삽과 여두둔과 헤만은 왕의 지휘 아래 있었으니

7 그들과 모든 형제 곧 여호와 찬송하기를 배워 익숙한 자의 수효가 이백팔십팔 명이라

8 이 무리의 큰 자나 작은 자나 스승이나 제자를 막론하고 다같이 제비 뽑아 직임을 얻었으니

9 첫째로 제비 뽑힌 자는 아삽의 아들 중 요셉이요 둘째는 그달리야이니 그와 그의 형제들과 아들들 십이 명이요

10 셋째는 삭굴이니 그의 아들들과 형제들과 십이 명이요

11 넷째는 이스리이니 그의 아들들과 형제들과 십이 명이요

12 다섯째는 느다냐니 그의 아들들과 형제들과 십이 명이요

13 여섯째는 북기야니 그의 아들들과 형제들과 십이 명이요

14 일곱째는 여사렐라니 그의 아들들과 형제들과 십이 명이요

15 여덟째는 여사야니 그의 아들들과 형제들과 십이 명이요

16 아홉째는 맛다냐니 그의 아들들과 형제들과 십이 명이요

17 열째는 시므이니 그의 아들들과 형제들과 십이 명이요

18 열한째는 아사렐이니 그의 아들들과 형제들과 십이 명이요

19 열두째는 하사뱌니 그의 아들들과 형제들과 십이 명이요

20 열셋째는 수바엘이니 그의 아들들과 형제들과 십이 명이요

21 열넷째는 맛디디야니 그의 아들들과 형제들과 십이 명이요

22 열다섯째는 여레못이니 그의 아들들과 형제들과 십이 명이요

23 열여섯째는 하나냐니 그의 아들들과 형제들과 십이 명이요

24 열일곱째는 요스브가사니 그의 아들들과 형제들과 십이 명이요

25 열여덟째는 하나니니 그의 아들들과 형제들과 십이 명이요

26 열아홉째는 말로디니 그의 아들들과 형제들과 십이 명이요

27 스무째는 엘리아다니 그의 아들들과 형제들과 십이 명이요

28 스물한째는 호딜이니 그의 아들들과 형제들과 십이 명이요

29 스물두째는 깃달디니 그의 아들들과 형제들과 십이 명이요

30 스물셋째는 마하시옷이니 그의 아들들과 형제들과 십이 명이요

31 스물넷째는 로맘디에셀이니 그의 아들들과 형제들과 십이 명이었더라

26장 성전 문지기

1 고라 사람들의 문지기 반들은 이러하니라 아삽의 가문 중 고레의 아들 므셀
   레먀라

2 므셀레먀의 아들들인 맏아들 스가랴와 둘째 여디야엘과 셋째 스바댜와 넷
   째 야드니엘과

3 다섯째 엘람과 여섯째 여호하난과 일곱째 엘여호에내이며

4 오벧에돔의 아들들은 맏아들 스마야와 둘째 여호사밧과 셋째 요아와 넷째
   사갈과 다섯째 느다넬과

5 여섯째 암미엘과 일곱째 잇사갈과 여덟째 브울래대이니 이는 하나님이 오
   벧에돔에게 복을 주셨음이라

6 그의 아들 스마야도 두어 아들을 낳았으니 그들의 조상의 가문을 다스리는
   자요 큰 용사라

7 스마야의 아들들은 오드니와 르바엘과 오벳과 엘사밧이며 엘사밧의 형제
   엘리후와 스마갸는 능력이 있는 자이니

8 이는 다 오벧에돔의 자손이라 그들과 그의 아들들과 그의 형제들은 다 능력
   이 있어 그 직무를 잘하는 자이니 오벧에돔에게서 난 자가 육십이 명이며

9 또 므셀레먀의 아들과 형제 열여덟 명은 능력이 있는 자라

10 므라리 자손 중 호사에게도 아들들이 있으니 그의 장자는 시므리라 시므리
   는 본래 맏아들이 아니나 그의 아버지가 장자로 삼았고

11 둘째는 힐기야요 셋째는 드발리야요 넷째는 스가랴이니 호사의 아들들과
   형제들이 열세 명이더라

12 이상은 다 문지기의 반장으로서 그 형제처럼 직임을 얻어 여호와의 성전에
   서 섬기는 자들이라

13 각 문을 지키기 위하여 그의 조상의 가문을 따라 대소를 막론하고 다 제비
   뽑혔으니

년   월   일

135

14 셀레먀는 동쪽을 뽑았고 그의 아들 스가랴는 명철한 모사라 모사를 위하여 제비 뽑으니 북쪽을 뽑았고

15 오벧에돔은 남쪽을 뽑았고 그의 아들들은 곳간에 뽑혔으며

16 숩빔과 호사는 서쪽을 뽑아 큰 길로 통한 살래겟 문 곁에 있어 서로 대하여 파수하였으니

17 동쪽 문에 레위 사람이 여섯이요 북쪽 문에 매일 네 사람이요 남쪽 문에 매일 네 사람이요 곳간에는 둘씩이며

18 서쪽 뜰에 있는 큰 길에 네 사람 그리고 뜰에 두 사람이라

19 고라와 므라리 자손의 문지기의 직책은 이러하였더라

성전 곳간을 맡은 사람들

20 레위 사람 중에 아히야는 하나님의 전 곳간과 성물 곳간을 맡았으며

21 라단의 자손은 곧 라단에게 속한 게르손 사람의 자손이니 게르손 사람 라단에게 속한 가문의 우두머리는 여히엘리라

22 여히엘리의 아들들은 스담과 그의 아우 요엘이니 여호와의 성전 곳간을 맡았고

23 아므람 자손과 이스할 자손과 헤브론 자손과 웃시엘 자손 중에

24 모세의 아들 게르솜의 자손 스브엘은 곳간을 맡았고

25 그의 형제 곧 엘리에셀에게서 난 자는 그의 아들 르하뱌와 그의 아들 여사야와 그의 아들 요람과 그의 아들 시그리와 그의 아들 슬로못이라

26 이 슬로못과 그의 형제는 성물의 모든 곳간을 맡았으니 곧 다윗 왕과 가문의 우두머리와 천부장과 백부장과 군대의 모든 지휘관이 구별하여 드린 성물이라

27 그들이 싸울 때에 노략하여 얻은 물건 중에서 구별하여 드려 여호와의 성전을 개수한 일과

28 선견자 사무엘과 기스의 아들 사울과 넬의 아들 아브넬과 스루야의 아들 요압이 무엇이든지 구별하여 드린 성물은 다 슬로못과 그의 형제의 지휘를 받았더라

다른 레위 사람들의 직임

29 이스할 자손 중에 그나냐와 그의 아들들은 성전 밖에서 이스라엘의 일을 다스리는 관원과 재판관이 되었고

30 헤브론 자손 중에 하사뱌와 그의 동족 용사 천 칠백 명은 요단 서쪽에서 이스라엘을 주관하여 여호와의 모든 일과 왕을 섬기는 직임을 맡았으며

31 헤브론 자손 중에서는 여리야가 그의 족보와 종족대로 헤브론 자손의 우두머리가 되었더라 다윗이 왕 위에 있은 지 사십 년에 길르앗 야셀에서 그들 중에 구하여 큰 용사를 얻었으니

32 그의 형제 중 이천칠백 명이 다 용사요 가문의 우두머리라 다윗 왕이 그들로 르우벤과 갓과 므낫세 반 지파를 주관하여 하나님의 모든 일과 왕의 일을 다스리게 하였더라

모든 가문의 우두머리와 관원들

1 이스라엘 자손의 모든 가문의 우두머리와 천부장과 백부장과 왕을 섬기는 관원들이 그들의 숫자대로 반이 나누이니 각 반열이 이만 사천 명씩이라 일 년 동안 달마다 들어가며 나왔으니

2 첫째 달 반의 반장은 삽디엘의 아들 야소브암이요 그의 반에 이만 사천 명이라

3 그는 베레스의 자손으로서 첫째 달 반의 모든 지휘관의 우두머리가 되었고

4 둘째 달 반의 반장은 아호아 사람 도대요 또 미글롯이 그의 반의 주장이 되었으니 그의 반에 이만 사천 명이요

5 셋째 달 군대의 셋째 지휘관은 대제사장 여호야다의 아들 브나야요 그의 반에 이만 사천 명이라

6 이 브나야는 삼십 명 중에 용사요 삼십 명 위에 있으며 그의 반 중에 그의 아들 암미사밧이 있으며

7 넷째 달 넷째 지휘관은 요압의 아우 아사헬이요 그 다음은 그의 아들 스바댜이니 그의 반에 이만 사천 명이요

8 다섯째 달 다섯째 지휘관은 이스라 사람 삼훗이니 그의 반에 이만 사천 명이요

9 여섯째 달 여섯째 지휘관은 드고아 사람 익게스의 아들 이라이니 그의 반에 이만 사천 명이요

10 일곱째 달 일곱째 지휘관은 에브라임 자손에 속한 발론 사람 헬레스이니 그의 반에 이만 사천 명이요

11 여덟째 달 여덟째 지휘관은 세라 족속 후사 사람 십브개이니 그의 반에 이만 사천 명이요

12 아홉째 달 아홉째 지휘관은 베냐민 자손 아나돗 사람 아비에셀이니 그의 반에 이만 사천 명이요

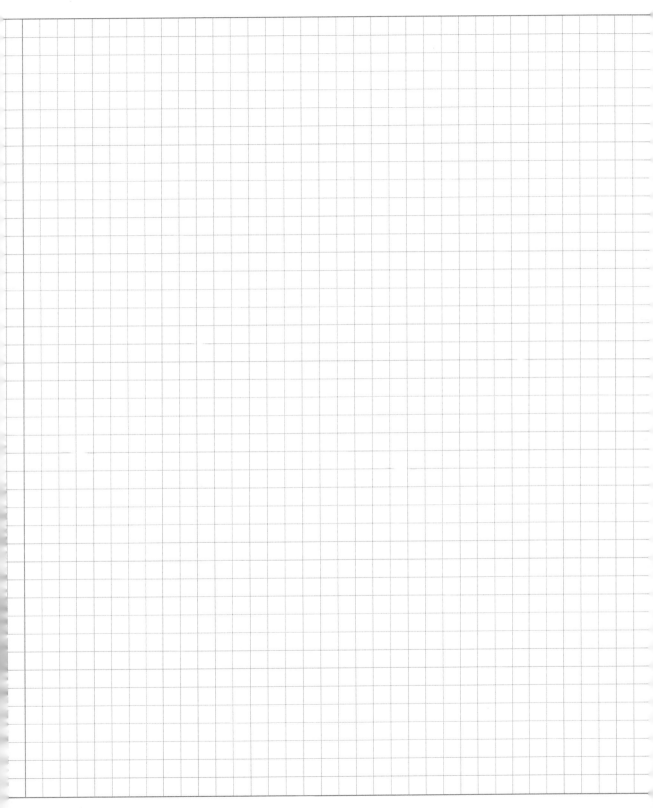

13 열째 달 열째 지휘관은 세라 족속 느도바 사람 마하래이니 그의 반에 이만 사천 명이요

14 열한째 달 열한째 지휘관은 에브라임 자손에 속한 비라돈 사람 브나야이니 그의 반에 이만 사천 명이요

15 열두째 달 열두째 지휘관은 옷니엘 자손에 속한 느도바 사람 헬대니 그 반에 이만 사천 명이었더라

각 지파를 관할하는 자들

16 이스라엘 지파를 관할하는 자는 이러하니라 르우벤 사람의 지도자는 시그리의 아들 엘리에셀이요 시므온 사람의 지도자는 마아가의 아들 스바댜요

17 레위 사람의 지도자는 그무엘의 아들 하사뱌요 아론 자손의 지도자는 사독이요

18 유다의 지도자는 다윗의 형 엘리후요 잇사갈의 지도자는 미가엘의 아들 오므리요

19 스불론의 지도자는 오바댜의 아들 이스마야요 납달리의 지도자는 아스리엘의 아들 여레못이요

20 에브라임 자손의 지도자는 아사시야의 아들 호세아요 므낫세 반 지파의 지도자는 브다야의 아들 요엘이요

21 길르앗에 있는 므낫세 반 지파의 지도자는 스가랴의 아들 잇도요 베냐민의 지도자는 아브넬의 아들 야아시엘이요

22 단은 여로함의 아들 아사렐이니 이들은 이스라엘 지파의 지휘관이었더라

23 이스라엘 사람의 이십 세 이하의 수효는 다윗이 조사하지 아니하였으니 이는 여호와께서 전에 말씀하시기를 이스라엘 사람을 하늘의 별 같이 많게 하리라 하셨음이라

24 스루야의 아들 요압이 조사하기를 시작하고 끝내지도 못해서 그 일로 말미암아 진노가 이스라엘에게 임한지라 그 수효를 다윗 왕의 역대지략에 기록하지 아니하였더라

왕의 재산을 맡은 자들

25 아디엘의 아들 아스마웻은 왕의 곳간을 맡았고 웃시야의 아들 요나단은 밭과 성읍과 마을과 망대의 곳간을 맡았고

26 글룹의 아들 에스리는 밭 가는 농민을 거느렸고

27 라마 사람 시므이는 포도원을 맡았고 스밤 사람 삽디는 포도원의 소산 포도주 곳간을 맡았고

28 게델 사람 바알하난은 평야의 감람나무와 뽕나무를 맡았고 요아스는 기름 곳간을 맡았고

29 사론 사람 시드래는 사론에서 먹이는 소 떼를 맡았고 아들래의 아들 사밧은 골짜기에 있는 소 떼를 맡았고

30 이스마엘 사람 오빌은 낙타를 맡았고 메로놋 사람 예드야는 나귀를 맡았고 하갈 사람 야시스는 양 떼를 맡았으니

31 다윗 왕의 재산을 맡은 자들이 이러하였더라

다윗을 섬기는 사람들

32 다윗의 숙부 요나단은 지혜가 있어서 모사가 되며 서기관도 되었고 학모니의 아들 여히엘은 왕자들의 수종자가 되었고

33 아히도벨은 왕의 모사가 되었고 아렉 사람 후새는 왕의 벗이 되었고

34 브나야의 아들 여호야다와 아비아달은 아히도벨의 뒤를 이었고 요압은 왕의 군대 지휘관이 되었더라

28장 **다윗이 성전 건축을 지시하다**

1 다윗이 이스라엘 모든 고관들 곧 각 지파의 어른과 왕을 섬기는 반장들과 천부장들과 백부장들과 및 왕과 왕자의 모든 소유와 가축의 감독과 내시와 장사와 모든 용사를 예루살렘으로 소집하고

2 이에 다윗 왕이 일어서서 이르되 나의 형제들, 나의 백성들아 내 말을 들으라 나는 여호와의 언약궤 곧 우리 하나님의 발판을 봉안할 성전을 건축할 마음이 있어서 건축할 재료를 준비하였으나

3 하나님이 내게 이르시되 너는 전쟁을 많이 한 사람이라 피를 많이 흘렸으니 내 이름을 위하여 성전을 건축하지 못하리라 하셨느니라

4 그러나 이스라엘 하나님 여호와께서 전에 나를 내 부친의 온 집에서 택하여 영원히 이스라엘 왕이 되게 하셨나니 곧 하나님이 유다 지파를 택하사 머리를 삼으시고 유다의 가문에서 내 부친의 집을 택하시고 내 부친의 아들들 중에서 나를 기뻐하사 온 이스라엘의 왕을 삼으셨느니라

5 여호와께서 내게 여러 아들을 주시고 그 모든 아들 중에서 내 아들 솔로몬을 택하사 여호와의 나라 왕 위에 앉혀 이스라엘을 다스리게 하려 하실새

6 내게 이르시기를 네 아들 솔로몬 그가 내 성전을 건축하고 내 여러 뜰을 만들리니 이는 내가 그를 택하여 내 아들로 삼고 나는 그의 아버지가 될 것임이라

7 그가 만일 나의 계명과 법도를 힘써 준행하기를 오늘과 같이 하면 내가 그의 나라를 영원히 견고하게 하리라 하셨느니라

8 이제 너희는 온 이스라엘 곧 여호와의 회중이 보는 데에서와 우리 하나님이 들으시는 데에서 너희 하나님 여호와의 모든 계명을 구하여 지키기로 하라 그리하면 너희가 이 아름다운 땅을 누리고 너희 후손에게 끼쳐 영원한 기업이 되게 하리라

9 내 아들 솔로몬아 너는 네 아버지의 하나님을 알고 온전한 마음과 기쁜 뜻으로 섬길지어다 여호와께서는 모든 마음을 감찰하사 모든 의도를 아시나니 네가 만일 그를 찾으면 만날 것이요 만일 네가 그를 버리면 그가 너를 영원히 버리시리라

10 그런즉 이제 너는 삼갈지어다 여호와께서 너를 택하여 성전의 건물을 건축하게 하셨으니 힘써 행할지니라 하니라

11 다윗이 성전의 복도와 그 집들과 그 곳간과 다락과 골방과 속죄소의 설계도를 그의 아들 솔로몬에게 주고

12 또 그가 영감으로 받은 모든 것 곧 여호와의 성전의 뜰과 사면의 모든 방과 하나님의 성전 곳간과 성물 곳간의 설계도를 주고

13 또 제사장과 레위 사람의 반열과 여호와의 성전에서 섬기는 모든 일과 여호와의 성전을 섬기는 데에 쓰는 모든 그릇의 양식을 설명하고

14 또 모든 섬기는 데에 쓰는 금 기구를 만들 금의 무게와 모든 섬기는 데에 쓰는 은 기구를 만들 은의 무게를 정하고

15 또 금 등잔대들과 그 등잔 곧 각 등잔대와 그 등잔을 만들 금의 무게와 은 등잔대와 그 등잔을 만들 은의 무게를 각기 그 기구에 알맞게 하고

16 또 진설병의 각 상을 만들 금의 무게를 정하고 은상을 만들 은도 그렇게 하고

17 갈고리와 대접과 종지를 만들 순금과 금 잔 곧 각 잔을 만들 금의 무게와 또 은 잔 곧 각 잔을 만들 은의 무게를 정하고

18 또 향단에 쓸 순금과 또 수레 곧 금 그룹들의 설계도대로 만들 금의 무게를 정해 주니 이 그룹들은 날개를 펴서 여호와의 언약궤를 덮는 것이더라

19 다윗이 이르되 여호와의 손이 내게 임하여 이 모든 일의 설계를 그려 나에게 알려 주셨느니라

20 또 그의 아들 솔로몬에게 이르되 너는 강하고 담대하게 이 일을 행하라 두려워하지 말며 놀라지 말라 네가 여호와의 성전 공사의 모든 일을 마치기까지 여호와 하나님 나의 하나님이 너와 함께 계시사 네게서 떠나지 아니하시고 너를 버리지 아니하시리라

21 제사장과 레위 사람의 반이 있으니 하나님의 성전의 모든 공사를 도울 것이요 또 모든 공사에 유능한 기술자가 기쁜 마음으로 너와 함께 할 것이요 또 모든 지휘관과 백성이 온전히 네 명령 아래에 있으리라

성전 건축에 쓸 예물

1 다윗 왕이 온 회중에게 이르되 내 아들 솔로몬이 유일하게 하나님께서 택하신 바 되었으나 아직 어리고 미숙하며 이 공사는 크도다 이 성전은 사람을 위한 것이 아니요 여호와 하나님을 위한 것이라

2 내가 이미 내 하나님의 성전을 위하여 힘을 다하여 준비하였나니 곧 기구를 만들 금과 은과 놋과 철과 나무와 또 마노와 가공할 검은 보석과 채석과 다른 모든 보석과 옥돌이 매우 많으며

3 성전을 위하여 준비한 이 모든 것 외에도 내 마음이 내 하나님의 성전을 사모하므로 내가 사유한 금, 은으로 내 하나님의 성전을 위하여 드렸노니

4 곧 오빌의 금 삼천 달란트와 순은 칠천 달란트라 모든 성전 벽에 입히며

5 금, 은 그릇을 만들며 장인의 손으로 하는 모든 일에 쓰게 하였노니 오늘 누가 즐거이 손에 채워 여호와께 드리겠느냐 하는지라

6 이에 모든 가문의 지도자들과 이스라엘 모든 지파의 지도자들과 천부장과 백부장과 왕의 사무관이 다 즐거이 드리되

7 하나님의 성전 공사를 위하여 금 오천 달란트와 금 만 다릭 은 만 달란트와 놋 만 팔천 달란트와 철 십만 달란트를 드리고

8 보석을 가진 모든 사람은 게르손 사람 여히엘의 손에 맡겨 여호와의 성전 곳간에 드렸더라

9 백성들은 자원하여 드렸으므로 기뻐하였으니 곧 그들이 성심으로 여호와께 자원하여 드렸으므로 다윗 왕도 심히 기뻐하니라

다윗의 감사 기도

10 다윗이 온 회중 앞에서 여호와를 송축하여 이르되 우리 조상 이스라엘의 하나님 여호와여 주는 영원부터 영원까지 송축을 받으시옵소서

11 여호와여 위대하심과 권능과 영광과 승리와 위엄이 다 주께 속하였사오니 천지에 있는 것이 다 주의 것이로소이다 여호와여 주권도 주께 속하였사오니 주는 높으사 만물의 머리이심이니이다

12 부와 귀가 주께로 말미암고 또 주는 만물의 주재가 되사 손에 권세와 능력이 있사오니 모든 사람을 크게 하심과 강하게 하심이 주의 손에 있나이다

13 우리 하나님이여 이제 우리가 주께 감사하오며 주의 영화로운 이름을 찬양하나이다

14 나와 내 백성이 무엇이기에 이처럼 즐거운 마음으로 드릴 힘이 있었나이까 모든 것이 주께로 말미암았사오니 우리가 주의 손에서 받은 것으로 주께 드렸을 뿐이니이다

15 우리는 우리 조상들과 같이 주님 앞에서 이방 나그네와 거류민들이라 세상에 있는 날이 그림자 같아서 희망이 없나이다

16 우리 하나님 여호와여 우리가 주의 거룩한 이름을 위하여 성전을 건축하려고 미리 저축한 이 모든 물건이 다 주의 손에서 왔사오니 다 주의 것이니이다

17 나의 하나님이여 주께서 마음을 감찰하시고 정직을 기뻐하시는 줄을 내가 아나이다 내가 정직한 마음으로 이 모든 것을 즐거이 드렸사오며 이제 내가 또 여기 있는 주의 백성이 주께 자원하여 드리는 것을 보오니 심히 기쁘도소이다

18 우리 조상들 아브라함과 이삭과 이스라엘의 하나님 여호와여 주께서 이것을 주의 백성의 심중에 영원히 두어 생각하게 하시고 그 마음을 준비하여 주께로 돌아오게 하시오며

19 또 내 아들 솔로몬에게 정성된 마음을 주사 주의 계명과 권면과 율례를 지켜 이 모든 일을 행하게 하시고 내가 위하여 준비한 것으로 성전을 건축하게 하옵소서 하였더라

20 다윗이 온 회중에게 이르되 너희는 너희 하나님 여호와를 송축하라 하매 회중이 그의 조상들의 하나님 여호와를 송축하고 머리를 숙여 여호와와 왕에게 절하고

21 이튿날 여호와께 제사를 드리고 또 여호와께 번제를 드리니 수송아지가 천 마리요 숫양이 천 마리요 어린 양이 천 마리요 또 그 전제라 온 이스라엘을 위하여 풍성한 제물을 드리고

22 이 날에 무리가 크게 기뻐하여 여호와 앞에서 먹으며 마셨더라 무리가 다윗의 아들 솔로몬을 다시 왕으로 삼아 기름을 부어 여호와께 돌려 주권자가 되게 하고 사독에게도 기름을 부어 제사장이 되게 하니라

23 솔로몬이 여호와께서 주신 왕위에 앉아 아버지 다윗을 이어 왕이 되어 형통하니 온 이스라엘이 그의 명령에 순종하며

24 모든 방백과 용사와 다윗 왕의 여러 아들들이 솔로몬 왕에게 복종하니

25 여호와께서 솔로몬을 모든 이스라엘의 목전에서 심히 크게 하시고 또 왕의 위엄을 그에게 주사 그전 이스라엘 모든 왕보다 뛰어나게 하셨더라

다윗의 행적

26 이새의 아들 다윗이 온 이스라엘의 왕이 되어

27 이스라엘을 다스린 기간은 사십 년이라 헤브론에서 칠 년간 다스렸고 예루살렘에서 삼십삼 년을 다스렸더라

28 그가 나이 많아 늙도록 부하고 존귀를 누리다가 죽으매 그의 아들 솔로몬이 대신하여 왕이 되니라

29 다윗 왕의 행적은 처음부터 끝까지 선견자 사무엘의 글과 선지자 나단의 글과 선견자 갓의 글에 다 기록되고

30 또 그의 왕 된 일과 그의 권세와 그와 이스라엘과 온 세상 모든 나라의 지난 날의 역사가 다 기록되어 있느니라

년   월   일

155

쓰다 시리즈 - ㉕

역대상.쓰다
1 CHRONICLES WRITE

펴낸곳   에이프릴지저스
엮은이   에이프릴지저스 편집부

등 록   제2019-000161호
주 소   경기도 고양시 일산서구 주화로 180
전 화   031)908-3432   팩스 0504-230-0965
이메일   apriljesus2017@gmail.com

I S B N   979-11-90850-32-2 04230
I S B N   979-11-968349-3-7 04230(set)
값은 뒤표지에 있습니다. 잘못된 책은 바꿔 드립니다.

ⓒ 이 출판물은 저작권법에 의해 보호를 받는 저작물이므로
무단 전재 및 복제를 금합니다.

홈페이지   www.apriljesus.com
인스타그램   instagram.com/apriljesus

Ⓐ 에이프릴지저스